KB169198

아이들과 *절대* 흥정하지 마라

아이들과 절대 흥정하지 마라

세상에서 가장 솔직한 요즘 아이들 교육법

초판 1쇄 발행 2008년 8월 29일
초판 3쇄 발행 2012년 7월 27일

지은이 로널드 모리쉬
옮긴이 김복기
펴낸이 김승희
펴낸곳 도서출판 살림터

기획 정광일
책임편집 나은수
디자인 김경수
필름출력 소망
인쇄·제본 (주)현문
종이 월드페이퍼(주)

주소 서울시 마포구 서교동 395-27
전화 02-3141-6553
팩스 02-3141-6555
출판등록 2008년 3월 18일 제313-1990-12호
이메일 gwang80@hanmail.net

ISBN 978-89-85321-92-1 03180

아이들과 *절대* 홍정하지 마라

세상에서 가장 솔직한 요즘 아이들 교육법

로널드 모리쉬(Ronald G. Morrish) 지음

김복기 옮김

알림터

수많은 시간과 노력을 기울여 책임감 있는 아이로 키우기 위해
헌신하는 모든 부모와 교사에게 이 책을 드립니다.

또한 날마다 값진 투자를 아끼지 않는 내 사랑스런 아들 딸,
테리, 다르시, 알렉산더와 수잔에게도 고마움을 전하며…….

1부

잘못되어 버린
교육 방법

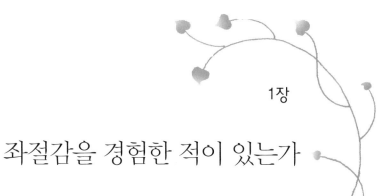

1장

좌절감을 경험한 적이 있는가

혹시 사소한 일로 아이들과 실랑이를 벌인 적이 있는가? 아이들과 흥정하느라 지친 경험이 있는가? 존경을 받지 못해 속이 상하고 좌절감을 느낀 적이 있는가? 부모와 교사들 대부분이 이러한 경험을 하고 있고, 똑같은 내용으로 고민하고 있다. 많은 부모와 교사들은 점점 더 공격적으로 변해 가는 아이들을 지켜보고 있고, 학교와 마을의 안전을 걱정하고 있다. 또한 학교 수업 시간이 방해를 받고 있음을 잘 알고 있으며, 교육의 질이 떨어질까 봐 매우 불안해하고 있다. 아이들이 어른들을 존경하지 않는다는 사실을 피부로 느끼고 있으며, 미래를 염려하고 있다.

사람들은 교육이 달라졌고, 텔레비전과 영화가 아이들에게 아주 나쁜 영향을 끼쳤다고 생각한다. 또 어떤 사람들은 아이들이 이렇게 변한 이유가 사회구조 때문이라고 비난하기도 하고, 가족 안에서 일어나는 학대, 폭력, 가정 파탄 등 사회문제 때문이라고 여기기도 한다. 연구 조사에 따르면, 실제로 이러한 염려와 관련된 모든 것들이 원인인 것으로 나타났다. 이러한 결과는 전혀 놀라운 일이 아니다.

그러나 정말로 놀랄 만한 일은 어느 누구도 아이들에게 영향을 미치는 아주 분명한 문제의 근원을 전혀 신경 쓰고 있지 않다는 사실이다. 이러한 문제들 중 많은 것들은 아이를 기르는 것과 관련되어 있다. 좀더 확실하게 표현하면, 아이들을 가르치는 방법 그 자체에 문제가 있다. 현재 부모들이 아이들을 기를 때 사용하는 수많은 전략과 방법들은 사실 부모가 원하는 아이들로 기를 수 없게 만들고 있다.

아이들을 책임감 있고 협조적인 아이로 키워야 한다는 사실에는 모든 사람이 동의하고 있다. 이러한 아이들로 키우는 것이 우리 사회의 미래에 대해 확신을 갖게 해주는 유일한 길이기 때문이다. 그러나 불행하게도 현재 부모와 교사들이 널리 채택하고 있는 교육 방법은 책임감 있고 협조적인 아이들을 길러 내지 못하고 있다. 오히려 아이들을 비협조적이고 교활하게 만들고 있다고 해도 과언이 아니다. 또한 아이들에게 인생이 마치 장기나 바둑의 한 수처럼 이리 부딪히고 저리 부딪히는 것이라고 가르친다. 그래서 부모와 교사들은 항상 아이들과 무언가를 흥정해야만 할 것 같은 느낌을 갖고 있으며, 시답지 않은 일을 시킬 때도 아이들이 어떻게 말을 듣게 할까 고민을 하고 있는 실정이다. 실제로 부모 노릇을 포기하고 싶을 정도로 몹시 화가 나고 좌절감을 느끼는 것이 한두 번이 아닐 것이다.

자, 그렇다고 이렇게 표현하는 내 의도를 오해하지는 말기 바란다. 오늘날 널리 유행하고 있는 교육법으로는 책임감 있는 아이로 키우기가 불가능하다는 뜻은 아니기 때문이다. 분명히 해야 할 것은 아주 소수이긴 하지만 몇몇 부모와 교사들은 이러한 방법으로도 훌륭한 성공을 거두고 있다. 그러나 이들처럼 성공을 거둔다는 것은 결코 쉽지 않다. 최선을 다해 아이를 기르는 것은 부모와 교사들을 지치게 만들기도 하고, 분명 가치 있는 일인데도 어리둥절하게 만들 때도 있다. 다행스러운 것은 이러한 문제들 중 많은 것들은 피할 수 있다. 사실 이 책을 쓰게 된 동기도 이런 문제들을 함께 고민하기 위해서이다.

우리가 가장 먼저 해야 할 것은 현재 널리 채택되고 있는 교육법이 과연 무엇인지 잘 이해하는 것이다. 이미 경험을 통해 알겠지만, 아이들은 부모와 교사의 올바른 교육을 통해 변화한다. 그것은 사회를 변화시키는 것이기도 하다. 지난 40년을 뒤돌아 볼 때, 아이를 기르는 방법은 여러 번 놀랄 만한 변화의 시기를 거쳐 왔다.

교육의 변화

1960년대까지 교육과 순종이라는 단어는 사실상 같은 뜻으로 이해되었다. 교육은 형태가 어떻든지 권위를 존중하도록 가르치는 것이었으며, 그것이 목표이기도 했다. 그 결과, 아이들은 어른들의 지시를 잘 따랐다. 아이들은 어른들이 하는 이야기를 잘 듣기만 한 것이 아니라, 실제로 어른들의 말에 따라 행동했다. 어른들이 지시한 내용에 반대하면 이유를 막론하고 '말대답' 하는 것으로 여겼으며, 잘못을 했을 때는 벌을 받아야 했다.

이때 어른들은 아이들이 너무 지나칠 정도로 순종하고 독립심이 부족한 것 같다고 염려하기 시작했다. 십대가 된 아이들이 어른들의 권위에 마치 반항을 하는 것이 자연스럽다고 느끼기 시작했다. 이제 어른들은 아이를 기르는 방법이 바뀌어야만 한다고 생각했다.

1970년대에 들어와서 부모와 교사들은 아이들을 너무 규제해서는 안 된다고 말하는 심리학자들의 충고에 귀를 기울이기 시작했다. 부모들은 자녀에게 무조건 퍼주기 시작했고, 아이들 스스로 해야 할 일들을 시키지도 않았고, 책임도 거의 요구하지 않았다. 부모는 아이의 자존심을 깎아 내릴 수 있기 때문에 "안 돼"라는 단어를 사용해서는 안 되는 것처럼 생각했다. 반항심을 억누르는 것보다는 건강하게 표현하는 것이 옳다고 생각해서 무례하고 성내고 반항하는 것조차도 아이가 성장하면서 자연스럽게 겪는 과정으로 받아들였다.

어른들은 이제 세상이 개인의 권리와 필요를 중심으로 돌아간다고 생각하면서도 혹시 아이들이 버릇없는 망나니로 자라지는 않을까 염려하기 시작했다.

그러자 부모와 교사들은 '행동 수정(behavior modification)'이 제시하는 원리에 따라 아이들을 교육했다. 칭찬과 보상이라는 방법으로 아이들이 바람직한 행동을 하도록 가르쳤다. 행동 수정 원리는 대개 아이들을 꾸중하거나 특권을 누리지 못하게 하는 등, 처벌을 통해 아이들의 바람직하지 못한 행동들을 바로잡는 것이다. 일관성은 어른들의 노력이 성공하느냐 실패하느냐를 결정하는 아주 중요한 요소가 되었다.

그러나 사람들은 마치 애완견을 훈련 하는 것처럼 아이들에게 조건을 제시하고 있는 것은 아닌지 염려하기 시작했다. 행동 수정 원리들이 너무나 매정하고 비인간적이라고 느끼기 시작했다.

1980년대와 1990년대에 선택의 자유는 사회에서 아주 중요한 쟁점이 되었으며, 개인의 권리와 자유를 위해 끊임없이 요구하는 것이 꼭 필요하다고 여겨졌다. 아이들의 권리와 자유를 강조하는 사람들은 아이들도 어른들과 똑같은 권리를 가져야 하며, 자신의 일을 스스로 결정할 수 있도록 해야 한다고 목소리를 높였다. 아마도 아이들에게 특별한 자유를 부여하는 것이 더 현대 사회에 맞고, 빠르게 변화하는 세상에서 아이들이 잘 살아갈 수 있도록 준비시키는 것이라 여겼던 것 같다.

이 의견을 옹호하는 사람들은 아이들이 선택을 직접 하다 보면 책임감에 대해 더 민감하고 잘 배울 것이라고 확신했다. 이때 어른들이 할 일은 아이들이 훌륭한 선택을 하도록 격려하고, 아이들의 행동에 따라 보상과 처벌을 함으로써 잘못된 선택을 단념하게 만드는 것이었다. 이 방법을 '행동 관리(behavior management)'라 한다. 거의 모든 부모와 교사들이 오늘날 사용하고 있는 것이 바로 행동 관리 방법이다. 서점에서 행동 관리 방법을 소개하는 책을 발견하는 것은 별로 어렵지 않다.

행동 수정과 행동 관리

많은 사람들이 '행동 수정' 방법과 '행동 관리' 방법의 차이점이 무엇인지 잘 몰라 혼란스러워한다. 먼저 행동 수정은 어른이 아이에게 무엇을 하도록 지시하거나 요청했을 때 아이의 행동에 따라 보상이나 처벌을 함으로써 아이의 행동을 바로잡는 것을 말한다. 반면, 아이에게 선택할 자유를 주고 훌륭한 선택을 하면 이를 보상해 주는 것이 행동 관리이다. 행동 수정은 명령을 잘 따랐는지 아닌지 그 여부에 관심이 있고, 행동 관리는 아이들이 선택을 잘했는지 아닌지에 관심이 있다. 여기서 기억해야 할 것은 '선택(choices)'이라는 단어인데, 이는 현재 일반적인 교육 방법의 중심 주제이기도 하다.

그러나 이 두 가지 교육 방법에는 문제가 있다. 바로 아이들이 결정을 할 때 선택의 한계를 제대로 정해 놓지 못했다는 것이다. 선택할 수 있는 자유를 부여받은 아이들이 자칫하면 자신이 책임질 수 없는 것을 선택하거나 반사회적인 행동을 쉽게 선택할 수도 있기 때문이다. 현재 많은 부모와 교사들은 아이들이 권위를 존중하지 않는다고 야단이다. 그들은 학교 수업 시간이 방해를 받고 있으며, 학교와 마을의 안전이 심각한 위험에 처해 있다고 걱정하고 있다.

이 책을 통해 현재의 교육법이 아이들에게 정말 필요한 책임감, 협동심, 생산성에 관련된 기술을 가르치는 데 실패하고 있다는 것을 볼 수 있을 것이다. 또한 이 방법들이 어른들이 원하는 것과는 반대되는 가치 체계를 아이들에게 심어 주고 있으며, 더 나아가 적극 장려하고 있다는 것도 알 수 있을 것이다.

지금 현재 널리 채택되고 있는 교육법이 어떤 아이들에게는 더 큰 문제가 된다. 예를 들어, 충동적인 아이들에게 행동 관리법은 도움이 되지 않는다. 기능 장애와 불안정한 가정에서 자란 아이들은 일반적인 교육법을 쉽게 받아들이지 못한다. 또한 성취 욕구가 낮은 아이들에게도 똑같은 양상이 나타난다. 이러한 아이들을 '행동 관리'로 교육하면 반드시 실패할 것이다. 그렇다면 이제 또 다른 교육법이 필요한 시기가 온 것일까?

2장

선택 그리고 또 선택

　지금 세상은 아이들에게 독립을 격려한다. 아이들은 "독립심을 가져라, 독립을 생각하라"라는 말을 들으며 자란다. 아이들에게 스스로 결정하고 그것을 통해 배울 것을 요구하고 있다.

　부모와 교사들 대부분은 아이들이 경험을 하면서 배울 것이며, 그렇게 하면 책임감 있고, 서로 도울 줄 알며, 생산적인 아이로 자라게 될 것이라는 신념을 갖고 있다.

　그 결과, 아이들은 모든 것을 스스로 선택해야만 한다. 집에서 아이들은 무엇을 입어야 할지, 어떻게 머리를 손질해야 할지, 무엇을 먹고 언제 잠을 자러 가야 할지 스스로 결정해야 한다. 그리고 방은 항상 깔끔하게 정돈되어 있어야 한다.

아이들은 학교에서도 자신이 하고 싶은 활동을 선택할 수 있다. 이미 줄을 서는 것은 한물 간 모습이 되어 버렸다. 옷은 개성을 표현하는 것이 되었으며, 따라서 옷차림에 대해 뭐라고 하는 것은 개인의 취향과 권리를 침해하는 것으로 여겨지기도 한다. 학생들은 공부와 자신들이 원하는 점수를 결정하는 자유도 갖고 있다고 생각한다.

교사들은 행동 관리를 쉽게 할 수 있는데, 이는 전문가가 그렇게 하도록 추천했기 때문이 아니라, 다른 교육 이론들이 그렇게 하는 것이 옳다고 말하기 때문이다. 1980년대에도 비슷한 행동 관리법이 있었는데, 이때는 학습을 위해 좋은 행동을 '발견하고자 접근'하는 방식이었다. 이 접근 방식은 아이들이 자신을 잘 알면 모든 개념을 잘 배울 것이라는 전제를 근거로 한 것이다. 이때부터 전체 프로그램들은 아이들이 무엇이든 스스로 선택하는 방식으로 다시 만들어졌다. 직접 지도하고 강의하는 방식은 좋지 않은 학습 방식으로 여겨졌다. 그래서 교육의 목표는 '독립적이고, 스스로 동기를 부여하며, 스스로 방향을 찾는 학습자'를 개발하는 방식으로 바뀌었다. 결국 교사들도 이와 비슷한 접근 방식으로 학생들을 가르치게 되었다. 더 효과 있게 아이들을 훈련하기 위해 행동 관리라는 접근 방식이 개발되었다.

그렇다면 이러한 접근 방식이 정말로 책임감 있는 아이들로 교육하는 데 효과가 있었을까? 정말로 이런 교육을 받은 아이들이 경험을 통해서 인생의 중요한 교훈들을 배울 수 있었을까? 자, 그러면 다큐멘터리로 제작되어 텔레비전에 방영된 다음의 실제 이야기를 살펴보자. 이 이야기는 통찰력뿐 아니라 아주 놀라운 결과와 메시지를 전달해 주고 있다.

칼레드는 이집트와 사우디아라비아의 사막을 가로지르는 낙타를 키우며 살았다. 그는 학교 교육을 전혀 받지 않았다. 그의 아버지는 낙타를 키우는 목자였고, 그의 할아버지도 낙타를 키웠다. 그가 배운 모든 것은 아버지와 할아버지 이전의 여러 세대를 거쳐 그에게까지 전해졌다.

낙타는 고집이 세고 예민하기 때문에 부리는 것이 쉽지 않다. 목자들은 낙타들을 끊임없이 이리저리 몰고 다녀야 한다. 그렇게 하지 않으면 사막에 있는 강도떼의 습격을 받기 쉽기 때문이다. 그러나 낙타들을 너무 빨리 이동시키면 낙타들의 몸무게가 줄어 카이로에 있는 낙타 거래 시장에서 좋은 값을 받지 못한다.

낙타들이 가로질러 가야 하는 사막에는 아주 넓은 암석 지대가 있다. 이곳을 지날 때 낙타의 발을 가죽 굽으로 보호해야 하는데, 그렇게 하지 않으면 낙타는 절름발이가 된다. 다리를 저는 낙타들은 속도를 내지 못하기 때문에 쉽게 강도들의 습격을 받는다. 결국 다리를 저는 낙타들은 도살해야만 한다. 이렇게 되면 낙타를 키우는 목자들의 생계가 어려워진다.

낙타를 몰고 여행을 하는 마지막 날 밤, 모든 사람들이 모닥불 주변에 모여 그간의 여행에서 일어난 문제들에 대해 이야기를 나누었다. 방송 해설자가 칼레드에게 다가가 "나는 이번 여행에서 당신이 경험을 통해 배운 모든 것들에 대해 정말로 깊은 인상을 받았습니다" 하고 말을 건넸다. 그러자 칼레드는 웃으며 이렇게 대답했다. "우리에게는 아주 오래된 속담이 하나 있지요. '자기만의 경험에서 배우는 사람은 불행한 사람이다. 정말로 행복한 사람은 다른 사람들의 경험에서 배우는 사람이다.'"

이 속담이야말로 아이를 기르는 방법의 모든 것을 알려주는 열쇠라 할 수 있다. 어른들은 아이들에게 직접 경험하면서 많은 것을 배우라고 이야기한다. 하지만 실제로 그렇게 해서는 안 된다. 왜냐하면 실제로 아이들을 기르는 것은 이와 정반대이기 때문이다. 이 속담이 가르쳐주는 것은 바로 어른들이 아이들을 '보호'하기 위해 사용해야 하는 방식이다.

이미 어른들은 살면서 뼈아픈 경험들을 했다. 아이들이 이러한 경험들을 되풀이하도록 할 것이 아니라 실수를 하지 않도록 도와주어야 한다. 아이들이 다른 사람들의 실수와 부모의 실수를 통해 배우도록 해야 한다. 누구나 마약에는 강한 중독성이 있다는 사실을 알고 있다. 술을 마시고 운전을 하면 아주 불행하고 비극적인 일이 일어난다는 것도 알고 있다. 또한 학교를 그만두면 인생에 많은 영향을 미친다는 것도 잘 알고 있다. 아이들이 이러한 교훈을 배워야 한다고 해서 직접 경험해 보라고 시켜서는 안 된다. 이미 이전 세대들의 경험을 통해 충분히 배울 수 있다.

만약 이러한 상황이 이미 일어났다면, 무엇이 잘못되었는가를 추적해 나가는 것을 통해 가르쳐주어야 한다. 즉 집과 학교, 마을이 함께 해결 방법을 찾아야 한다. 아이들이 올바르게 살아가기 위해서는, 기술, 태도, 지식을 제대로 가르치는 참된 교육이 필요하다. 행동 관리는 아이들을 교육하는 데 결정적으로 필요한 세 가지 요소 중 두 가지가 없기 때문에 결코 아이들을 올바로 가르칠 수 없다.

교육의 세 가지 필수 요소

교육에는 세 가지 필수 요소가 있다. 이 세 가지는 집을 짓는 벽돌처럼 서로 연결되어 있어야 한다. 각 요소는 교육의 골격이다. 우선 첫째는 '순종 훈련(train compliance)' 이다. 아이들이 규칙, 제한, 어른의 지도를 잘 따르도록 만드는 것이다. 둘째 요소는 '기술 교육(teach skills)' 이다. 아이들에게 책임감과 서로 돕는 기술을 배우도록 하는 것이다. 셋째 요소는 '선택 관리(manage choices)' 이다. 현재 우리가 알고 있는 행동 관리에 따라 아이들이 무엇인가를 선택하고 이를 잘 관리하도록 하는 것이다.

이제부터 이 세 가지 필수 요소가 무엇인지 자세히 살펴보자.

순종 훈련

교육의 첫째 요소는 순종 훈련이다. 아주 어린 아이들은 충동적이고 자기중심적이다. 필요한 것은 다 갖기를 원하며, 거절당하는 것을 싫어한다. 자기중심적인 세계관을 갖고 있는 아이들을 떠올려 보자. 만약 자기중심적인 행동들을 고치지 않는다면 어른이 되어서도 많은 어려움을 겪을 것이다. 이렇게 되지 않도록 하기 위해서 어른들의 지시에 순종하고, 권위를 존중하며, 규칙과 제한을 따르도록 가르쳐야 한다.

많은 사람들은 이러한 교육 방법에 대해 고개를 갸우뚱거린다. 우리는 개인의 권리와 자유를 강조하는 세상에 살고 있다. 사실 사람들은 아이들이 어른들에게 순종하도록 가르치는 것이 적절한지 알고 싶어한다. 실제로 아이들에게 순종하도록 가르치는 것은 적절할 뿐만 아니라, 아주 필요하다. 자동차를 운전할 때 반드시 교통 규칙을 따라야 하는 것처럼, 우리 모두는 특정한 규칙과 제한을 기꺼이 따르고 지켜야만 한다. 이렇게 해야만 다른 사람들과 함께 어울려 살아갈 수 있다. 또한 규칙과 제한을 따라야만 모든 사람들이 안전하게 살아갈 수 있다. 사람들이 안전한 세상의 주인이 되거나 아니면 혼란스러운 세상의 주인이 되는 것은 저절로 되는 것이 아니라, 사람들의 선택에 달려 있다.

기술 교육

교육에 필요한 둘째 요소는 기술을 가르치는 것이다. 아이들을 책임감 있고 서로 도울 수 있도록 교육하는 유일한 방법은 이와 관련된 기술들을 가르치는 것이다. 아이들은 갈등을 해결하는 법과 다른 사람들과 함께 일하는 법, 그리고 목표를 세우는 법을 배워야 한다. 또 시간 관리와 업무를 조직하는 법도 배워야 한다. 그리고 자신을 훈련하는 중요한 기술을 배워서 독립심을 키워 나가야 한다. 부모와 교사들은 아이들이 자신의 일을 선택하고 결정하는 과정에 늘 함께할 수 없다. 이 말은 결국 아이들이 이러한 일을 스스로 해나가는 방법을 배워야만 한다는 것을 의미한다.

문제는 이러한 기술들을 우연히 배울 수 없다는 점이다. 선택과 책임감은 그리 간단하게 배울 수 있는 것이 아니다. 자신의 경험만으로 올바른 선택을 하고 책임을 잘 감당하는 아이는 없다. 따라서 이러한 기술은 부모와 교사들이 직접 가르치고 훈련하며, 바로잡고 복습하는 등 체계 있게 교육해야 한다. 또한 부모와 교사들은 아이들이 이러한 기술을 일상생활에서 사용할 수 있도록 이끌어 주어야 한다. 이렇게 하기 위해서는 인내와 결단력이 필요하다. 기술은 한두 해에 배울 수 있는 것이 아니라 죽기 전까지 계속 배워야 한다. 배움은 끝이 없는 과정이기 때문이다.

선택 관리

교육에 필요한 셋째 요소는 선택을 관리하는 것이다. 아이들이 책임감 있는 어른으로 성장하려면, 나이가 들어감에 따라 아이들에게 더 많은 자유를 주어야 한다. 아이들은 많은 선택을 해 보면서 배운다. 어른들은 아이들이 어떻게 권리를 행사하고, 다른 사람들에게 상황을 설명해야 하는지 바르게 지도해야 한다.

사람들에게 널리 알려진 교육 방법들이 모두 틀린 것은 아니다. 아이들의 선택을 관리하는 것은 실제로 '행동 관리'에서 말하는 많은 것들과 관련이 있다. 행동 관리는 아이들의 독립심을 키워 줄 수 있는 기회를 주기 때문에 교육에 아주 필요한 부분이 될 수 있다. 따라서 아이들을 교육할 때 행동 관리를 완전히 포기할 필요는 없다. 부모들 대부분은 아이들의 행동을 관리하는 데 필요한 전문 지식이 풍부하다. 아이들에게 어떻게 선택의 기회를 줄 것인가에 대해 이미 많은 것을 알고 있다. 이러한 기술들은 틀림없이 가치가 있기 때문에 계속 사용하는 것이 좋다.

그러나 행동 관리를 사용할 때 꼭 기억해야 할 것은 아이를 키울 때 필요한 다른 두 가지 필수 요소인 훈련과 교육을 어른들이 배우고 향상해야 한다는 사실이다. 우리는 살아가면서 자연스럽게 이러한 기술을 사용하기 때문에 쉽게 훈련과 교육의 요소들을 개발할 수 있다. 아마도 그동안 교육을 할 때 이러한 것들을 동시에 적용해야 한다는 것을 단지 느끼지 못했을 수도 있다.

세 가지 요소 중 잃어버린 부분들

기존의 교육 방법들은 아이들의 선택을 관리하는 데 훌륭한 지침이 되고 있다. 그러나 불행하게도 그것이 전부라는 것이 심각한 문제이다. 이를 교육이라 부르지 않고 '행동 관리'라 부르는 것은 이러한 이유 때문이다. 이미 말했듯이, 행동 관리가 아이를 키우는데 중요한 요소이긴 하지만, 또 다른 요소인 훈련과 교육이 없으면 심각한 문제가 생긴다.

행동 관리는 선택의 한계를 없애 버렸다. 선택의 한계가 없어진 것은 아이들에게 엄청난 충격을 주었다. 이 때문에 생기는 문제들은 뒤에서 더 상세하게 다룰 것이다. 행동 관리에는 훈련뿐 아니라 교육 요소가 없다. 요즈음 아이들은 스스로 경험하면서 기술을 개발하고 배우길 원한다. 아마도 아이들은 자신들이 선택한 결과를 통해 협동과 책임감이 무엇인지 배우게 될 것이다.

그런데 행동 관리를 잘했는데도 왜 여전히 많은 아이들이 방황을 하며, 또 어른들은 교육 이야기만 나오면 왜 좌절하는 것일까? 그 이유는 행동 관리는 아이들이 선택하기 전에 갖추어야 할 중요한 토대를 마련해 주지 않기 때문이다. 아이들이 올바른 선택을 할 수 있도록 먼저 아이들을 잘 훈련하고 가르쳐야 한다.

그러나 사람들이 훈련과 교육을 잘 받은 아이들을 종종 "다루기 힘든 아이"라고 부른다는 사실을 기억해야 한다. 이 말은 사실이다. 아이들을 제대로 훈련하고 교육하지 않는다면, 관리도 제대로 되지 못할 것이다. 결국 교육을 생각할 때, 이 세 가지 필수 요소를 동시에 생각해야 한다. 우리는 아이들을 제한된 환경에서 훈련해야 한다. 또한 아이들이 책임감과 협동심을 가지도록 가르쳐야 한다. 그리고 이러한 토대 위에서 점차로 아이들이 책임감과 독립심을 배울 수 있는 기회를 늘여 나가도록 해야 한다.

3장

그 모든 경계선은 어디로
사라져 버렸을까

아이들이 싸울 때 아이들은 원래 싸우면서 크는 법이라고 대수롭지 않게 여길 것인가? 아이들이 버릇없이 행동할 때는 아직 나이가 어려서 그러는 것이라고 생각할 것인가? 아이가 학교에서 낙제하면 낙제도 아이의 선택이라며 받아들일 것인가? 놀랍게도 이러한 질문들은 현재 널리 사용되고 있는 교육 방법에서 실제로 볼 수 있다.

행동 관리는 아이들에게 제한을 두지 않고 모든 것을 선택할 수 있게 한다. 어떻게 이러한 일이 일어나는지 더 잘 이해하기 위해서 사람들이 하는 이야기를 들어 보도록 하자. 행동 관리에서는 '만약 ~한다면, ~할 텐데' 라는 선택의 언어를 사용한다.

우리는 슈퍼마켓, 학교, 음식점, 백화점 등 어디에서든 이 말을 쉽게 들을 수 있다.

"만약 결정을 하지 못했다면, 집에 돌아가야 해."
"만약 얌전하게 행동하면, 맛있는 과자를 사줄게."
"만약 나한테 그런 식으로 한 번만 더 이야기하면, 방에서 벌 설 줄 알아."
"만약 또 싸우면, 교무실로 부를 줄 알아."

더 많은 예를 들 수 있지만, 맨 마지막 문장을 좀더 자세히 살펴보도록 하자. 오늘날 사람들은 폭력에 대해 넘어서는 안 되는 어떤 선을 두어야 한다고 말한다. 사람들은 학교 운동장이나 집에서 혹은 마을에서 아이들이 더 평화롭고 안전하게 놀 수 있기를 바란다. 또 아이들이 덜 공격적이었으면 하는 바람을 갖고 있다. 그러나 위에 제시된 문장에는 규칙의 기준이 분명하지 않기 때문에 결코 사람들의 바람대로 되지 않는다. 왜냐하면 여기에는 폭력에 대한 규정이나 제한이 없기 때문이다. '만약 ~한다면, ~할 텐데' 라는 선택 공식을 곰곰이 생각해 보자. 이 규칙이 실제로 말하고자 하는 의미는 과연 무엇일까?

"만약 네가 교무실에 불려 오는 것을 상관하지 않는다면, 문제를 해결하기 위해 학교에서 싸우는 것은 너의 선택이다! 책임질 수 있다면 싸워도 좋다!"

만약 이러한 상황이 실제로 일어날 수 없다고 생각한다면, 축구를 예로 들어 생각해 보자. 분명히 경기 규칙은 '선수가 경기 중에 반칙을 하면 퇴장을 당하거나 경고 카드를 받는다'고 말하고 있다. 그렇다면 이러한 축구의 규칙이 반칙을 하지 못하게 만든다고 믿는가? 틀림없이 아니다. 이 규칙이 정말로 의미하는 것은 '만약 퇴장을 당하거나 경고 카드 받는 것을 신경 쓰지 않는다면, 이기기 위해서 그 정도의 싸움과 반칙은 선택 사항이다' 라는 것을 암시한다고 보아야 한다. 반칙을 하는 것은 결국 선수의 선택 사항이 되는 것이다. 여기에 우리들이 갖고 있는 전형적인 사고방식이 무엇인지 분명히 드러난다.

"자, 나를 보십시오. 만약 내가 경고 카드를 받고 다른 선수에게 반칙을 해도 된다면, 그 정도야 선택할 수 있지요. 만약 내가 골만 넣을 수 있다면, 그 정도의 반칙은 얼마든지 선택하겠습니다. 만약 내가 싸움을 걸어서 상대편 최고 선수를 퇴장시킬 수 있다면, 고려해 볼 만한 선택이 아닌가요?"

실제로 축구 경기장에 있다고 한번 가정해 보자. 경기는 동점 상황이다. 그런데 상대편 공격수가 공을 잡고 우리 편을 제치려 하고 있다. 규칙은 불필요한 반칙을 하면 경고 카드를 받는다고 분명이 명시하고 있다. 이런 상황이라면 어떻게 하겠는가? 그 순간 선수는 아주 엄한 감독의 얼굴을 떠올릴지도 모른다. 공격수를 막지 못하면 경기에서 질 것이다. 이제 경기 시간은 얼마 남지 않았다. 실제로 심판의 눈을 피해 공격수의 발을 걸어 넘어뜨리는 것은 어렵지 않기 때문에 충분히 시도할 만하다. 아니면 교묘한 속임수를 써서 반칙을 할 수도 있다. 만약 공격수를 막지 못하면, 퇴장은 아니라도 감독이 선수 교체를 할지도 모른다는 생각이 머릿속에서 빙빙 돌기까지 한다. 결국 규칙은 공격수에게 반칙을 하지 말라고 하지만, 반대로 반칙을 해서 경고 카드를 받으면 된다는 의미로 받아들일 수 있는 것이다.

이것은 실제로 행동 관리가 안고 있는 가장 큰 결점이기도 하다. 아이들에게 보상을 주는 것은 긍정적이며, 아이들도 보상을 받기 원한다는 것은 이미 언급했다. 마찬가지로, 결과가 부정적이기 때문에 아이들을 처벌해서는 안 된다는 것도 이야기했다. 그러나 이것 또한 잘못된 접근 방법이다. 왜냐하면 축구에서 만약 상대편 선수가 골을 넣으려 할 때, 경고 카드를 받거나 퇴장을 감수하면서 반칙을 하는 것은 '아주 훌륭한 반칙'으로 여겨지기 때문이다. 또한 많은 아이들이 이러한 행동을 직관으로 이해하거나 혹은 해도 괜찮은 것으로 여기기 때문이다.

그렇다면 이제 아이에게 지시할 때마다 아이가 어떻게 반응할지 충분히 이해할 수 있을 것이다. 축구 선수의 예처럼, 아이는 이런 상황에서 어떻게 할 것인지 곰곰이 생각할 것이다. 일단 아이는 어떤 행동이 이득인지 손해인지 저울질을 할 것이다. 그리고 잘못된 행동이라도 자신에게 이득이 되는 쪽을 선택할 것이다.

아이들이 이러한 선택을 하지 않도록 가르치기 위한 첫째 비법은 '한계를 분명히 알려주어서 무분별한 선택을 할 기회를 주지 않는다'이다. 규칙을 정할 때 아이들이 의심할 여지가 없도록 분명하게 한계를 정해 주는 것이다. "만약에, 그리고, 그러나와 같은 단서를 결코 남발하지 말라"는 속담을 기억해야 한다. 부모와 교사들이 분명히 해야 할 것은 다음과 같은 단호한 말이다.

"싸워서는 안 돼! 싸우지 마!"

"그런 행동은 무례한 짓이야. 우리 집에서는(혹은 우리 학교에서는) 그런 행동을 해서는 안 돼!"

"걸어가라!"

"숙제를 해와라!"

또한 학교에서 교사가 학생들을 다룰 때 명심해야 할 원칙이 있다. 바로 타협하고, 흥정하고, 변명하고, 설득하지 말아야 한다. 대신에 분명한 한계를 정해 주어야 한다. 이 원칙이 학생들에게 행동의 한계를 분명하게 알려주는 '학교생활 규칙'이 되어야 한다. 학생들에게는 "학교에서는 절대로 싸움을 해서는 안 된다!"는 단호하고 분명한 메시지를 전달해야 한다. 물론 학교생활 규칙에 명시해야 할 내용은 이렇게 단순하지 않을 것이다. 그러나 교사들은 날마다 학생들에게 학교에서 정한 규칙을 말해 주어야 한다. '만약 ~한다면, ~할 텐데'라는 식의 설명은 아이들이 정말로 선택할 수 있는 것이 무엇인지 토론할 때만 사용해야 한다.

4장

규칙을 어겨라

앞에서 이야기한 축구 경기로 다시 돌아가 보자. 규칙이 선택
을 허용하고 있기 때문에 선수와 지도자 대부분이 반칙을 하거
나 몸싸움을 하는 것을 '경기의 중요한 부분' 으로 여기고 있다.
운동 경기는 이기는 것이 목표이기 때문에 반칙과 싸움이 실제
로 존재한다. 지도자는 선수에게 상대편 선수의 발을 교묘하게
거는 방법, 심판이 눈치 채지 못하게 밀어 넘어뜨리는 방법 따위
를 가르친다.

현재 교육법은 바로 축구 경기와 똑같은 방식의 규칙과 한계
를 제시하고 있다. 따라서 많은 아이들이 교육을 하나의 게임으
로 보는 것도 전혀 무리가 아니다. 게임은 결국 이기면 되는 것

이며, 교육에서도 이기기 위해 규칙을 어기는 것은 도전할 만하다고 느끼게 될 것이다. 축구 경기장의 영웅처럼 아이들은 규칙을 어기는 법을 배우게 될 것이다. 또한 기술이 더 정교할수록 '자신들이 원하는 모습으로 반칙을' 할 수 있게 될 것이다. 이것이 바로 현재 교육의 모습이다. 혹시 이 글을 읽는 동안 마음에 어떤 특별한 아이들의 얼굴이 떠오른다면 아마도 이런 아이들은 우리를 골치 아프게 하는 아이들일 것이다.

장애물 파악하기

만약 어른들이 말을 잘 듣게 하려고 아이들과 흥정하게 되면, 무슨 일이 일어날지 기다려 볼 필요가 있다. 아이들은 자신들 앞에 있는 '장애물'이 어떤 것인지 아주 빨리 파악하는 편이다. 어떤 지시 사항이나 명령을 받으면, 아이들은 무슨 일이 일어날지 알아보기 위해 시간을 벌려고 애쓴다. 다음은 아이들이 즐겨 쓰는 지연작전들이다.

"나는 그걸 원하지 않아요."

"이건 너무 재미 없어요!"

"이걸 꼭 해야만 하나요?"

아이들은 일단 순종하는 모습으로 어른들과 협상을 하거나 흥정을 한다. 아이들은 어른들이 보상을 해줄지 아니면 처벌을 할지 정확하게 파악한 다음, 자신들이 할 일의 가치를 따져 보기 시작한다. 자신들이 원하는 것이 과연 어른들과 싸움을 벌일 만한지 아닌지를 결정한다. 이것이 바로 원하는 대로 어른들이 따라오는지 아닌지 시험하는 아이들의 끈질긴 모습이다. 우리가 아이들에게 주는 것이 점점 더 적어질수록 아이들은 점점 더 많은 것을 원할 것이다.

면역성

행동 관리를 빨리 극복하기 위한 가장 좋은 방법은 처벌에 대한 면역성을 개발하는 것이다.

"그러니 제발 나를 교무실로 보내 주세요. 저는 별로 신경 쓰지 않거든요!"

"그러니 내가 하고 싶지 않다고 하면, 그냥 내버려 두세요. 어쨌든 상관 없으니까요!"

"저는 성적에 신경 쓰지 않아요!"

어떤 아이들은 칭찬에도 면역이 되어 있다. 어떤 아이가 숙제를 잘해 와서 교사가 "참, 열심히 했구나!" 하고 칭찬을 했다. 그러나 아이는 "네, 예전보다 좀 열심히 했어요" 하고 대답할 뿐이다. '관심 없다'는 식의 태도를 배운 아이들을 다루기는 쉽지 않다. 이런 아이들에게 어른들의 능력과 노력은 별로 소용이 없다.

아이들이 이와 같은 태도를 보일 때, 어른들이 자주 화를 내게 되는 이유가 바로 이 때문이다.

훔쳐보기

아이들은 훔쳐보기를 배운다. 아이들은 어른들이 어디에 주로 머무는지 알기 위해 상당히 많은 시간과 노력을 기울인다. 왜냐하면 만약 아무도 자신을 보지 않을 때에는 언제든지 '자기만의 일을' 할 수 있기 때문이다. 또 만약 아무도 신경을 쓰지 않는다면, 무엇을 하든 들킬 일이 없기 때문이다.

훔쳐보기를 잘하는 아이들은 학교에서 늘 교사의 행동을 주시한다. 교사가 언제 등을 돌리는지, 바빠서 아이들에게 신경을 쓰지 못하는 때가 언제인지 아주 잘 알고 있다. 다른 아이들의 발을 걸고, 찌르고, 성질을 건드리는 말을 하고, 무언가 일을 저지르는 동안에도 누가 자기 곁을 지나가는지 잘 알고 있다. 또한 집에서 부모가 전화를 하고 있을 때, 아이들은 아주 신기할 정도로 그 틈을 이용해 나쁜 짓을 한다. 이러한 일은 마치 마술처럼 일어난다.

때때로 아이들은 언제 나쁜 행동을 할 수 있는지 알기 위해 큰 위성 안테나를 달고 있는 것처럼 보인다. 이런 모습은 사실 별로 놀랄 만한 일이 아니다. 결국 현재 교육 방법이 아이들에게 이렇게 하도록 가르치고 있기 때문이다. 아이들이 특정한 상황에서 기회를 잡는 법을 배우는 것은 아주 자연스러운 현상이다. 이러한 아이들에게 자기가 살고 있는 동네를 벗어나서 다른 마을에 가보거나, 학교 이곳저곳을 돌아다녀 보거나, 혼자 상점을 구경하는 일은 아주 흥미로울 것이다. 사람은 모든 가능성을 상상할 수 있는 존재이기 때문이다.

책임 떠넘기기

아이들이 사용하는 또 다른 방법은 책임을 떠넘기는 것이다. 많은 아이들이 자신의 책임을 다른 사람에게 아주 쉽게 떠넘긴다. 일단 잘못된 행동을 의심받으면, 아이들은 자동으로 자신의 행동을 부인한다. 만약 자신의 주장을 인정해 주지 않는 듯싶으면 어른들에게 증거를 대보라며 맞서기도 한다. 정말로 아이를 꼼짝 못하게 하는 증거와 물증이 있을 때에만 자신의 잘못을 인정한다. 아이들이 잘못을 인정할 때, 어른들은 대개 아이들의 감정을 상하게 하는 "처음에 사실대로 말했으면 일이 이렇게까지 되었겠느냐?"는 식의 케케묵은 설교를 하기 시작한다.

이렇게 되는 순간 놀라운 것은 이제 아이들의 문제에서 어른들의 문제로 바뀐다는 점이다. 진짜 문제는 그 이후로도 어른들은 아이들의 잘못된 행동을 더 많이 보게 되며, 돌이킬 수 없는 질문들을 던지게 된다는 점이다. "네가 저 아이를 때리는 것을 내가 봤는데?" 하고 아이에게 말하면, 아이는 곧 바로 "내가 안 때렸어요!" 하고 대답한다. 상황이 이쯤 되면 그야말로 본 경기가 시작되는 것이다.

아이들은 책임을 떠넘기는 방법들을 아주 많이 알고 있다. 아이들 대부분은 변명하는 법을 잘 알고 있다. 문제를 다른 아이에게 넘겨씌우거나, 오히려 자기가 피해자라고 우기기도 한다. 다른 아이들이 자신을 괴롭힌다고 주장하거나, 아무도 자기 이야기를 들어주지 않는다고 불평한다. 더 나아가 인생은 아주 불공평하다고 투덜대기도 한다.

상황 뒤집기

눈치가 빠른 아이들의 특징은 '상황을 뒤집는' 묘안을 갖고 있다는 것이다. 아이들은 행동 관리 체계를 잘 알고 있기 때문에 상황을 뒤집는 법도 잘 알고 있다. 아이들은 어른들의 행동을 조절하고 통제하기 위해 어른들의 처벌이나 결과를 이용한다. 어른들로부터 기대한 것을 얻지 못했을 때, 화를 내거나 소리를 지르고, 문을 닫고 나가 버리기도 한다. 부모는 아이들의 이런 태도에 몹시 당황한다.

학교에서는 수업을 방해하고, 또 교사를 화나게 하기 위해 책상이나 의자를 뒤엎어 버리기도 한다. 어떤 아이들은 아예 이러한 일을 무시함으로써 일을 모호하게 만들기도 한다. 이런 아이들은 부모와 교사의 훈계를 듣지 않을 뿐만 아니라, 아예 부모나 교사가 없는 것처럼 행동하기도 한다. 아이들이 얼마나 기막힌 방법으로 화나게 만드는지 경험해 본 사람들은 이런 상황을 더 잘 이해할 것이다.

협박하기

어떤 아이들은 나이가 들면서 어른들을 통제하기 위해 협박을 한다. 성질을 돋우는 말을 하는 것은 보통이다. 아주 공격적이고 반항적으로 행동하기도 한다. 어떤 아이들은 옷, 신발, 장신구 따위로 반항하는 마음을 드러내기도 한다. 전혀 예상하지 못한 상황에서 공격을 받을 위험이 늘 도사리고 있는 셈이다.

협박하는 말을 들은 부모와 교사들은 수동적으로 바뀐다. 그들은 십대들의 반항과 자극적인 보복이 두려워 어떤 요구도 하지 못한다. 부모들은 더 이상 규칙을 강요하지 않는다. 교사들은 아이들이 공부를 하지 않아도 무관심해지고, 숙제를 해오지 않아도 모른 척해 버린다. 어른들은 십대들이 가는 장소를 점차 피하게 된다. 십대들의 반항과 보복이 두려워 행동을 조심하게 되는 것이다. 이러한 일은 이미 우리 주변에서 흔히 볼 수 있다.

그렇다면 아이들이 규칙을 어길 때 어떻게 해야 하는가? 아이들을 통제하기 힘들어질수록 어른들은 점점 더 곤경에 처하게 된다. 여하튼 규칙과 한계를 분명히 강요해야 하지만, 문제는 확실한 방법이 없다는 것이다. 많은 부모와 교사들은 실패할 것이 뻔한 길을 따라가고 있다. 그들은 통제력을 잃을까 봐 염려하면서 보상과 처벌의 강도를 높여 가는 방법을 사용한다. 하지만 이 방법은 처음에 실패한 것보다 더 큰 실패를 맛보게 한다.

잘했을 때 보상을 더 많이 해주고, 잘못했을 때 더 매섭게 처벌을 하면 대개 잠깐 동안은 효과가 있다. 이 방법은 아이들이 어른들과 벌이는 흥정을 얼마나 오랫동안 즐기는가에 따라 오래 지속되기도 한다. 그러나 아이들은 대개 얼마 못 가서 보상과 처벌에 저항할 것이다. 이 게임에서 항상 아이들이 이기게 되어 있다. 정말 이 문제를 심각하게 생각한다면 조종간을 쥐고 있는 사람을 조정하려고 노력하지 말아야 한다. 따라서 아이들을 잘 다루려면, 이러한 함정에 걸려들지 않도록 주의하고 함정을 피해 가야 한다.

만약 아이가 순종하도록 만들기 위해 지금 흥정을 하고 있다면, 얼마 뒤에 아이에게 구걸하게 될 것이다.

이것이 책임감 있는 아이로 키우기 위한 두번째 비법이다. 흥정은 함정이다. 지금 아이와 흥정을 하고 있다면, 얼마 지나지 않아 아주 말도 안 되는 보상을 조건으로 내거는 자신의 모습을 발견할 것이다. 부모가 아이들이 스스로 해야 할 작은 일을 시키기 위해 돈을 주게 될지도 모른다. 또 공부를 잘하라고 아이에게 돈을 주게 될지도 모른다. 이런 아이가 십대가 되면 아마도 정말로 큰 보상을 해달라고 요구할 수도 있다. 또 자신의 방을 깨끗이 정리하는 대신 텔레비전을 사달라든지, 학교 졸업 선물로 차를 사달라고 요구할 수도 있다(만약 이러한 말을 믿을 수 없다면, 6장에 있는 앤 랜더스에게 온 편지를 읽어 보라).

어떤 부모들은 아이에게 보상을 해주는 대신 처벌을 점점 더 강하게 한다. 처음에 하루 동안 아이가 좋아하는 것을 하지 못하게 하면, 나중에는 기간이 일주일이 될 것이다. 그러다가 몇 주, 혹은 한 달이나 두 달로 점점 늘어날 것이다. 처벌과 징계가 이 정도까지 되면, 아이는 날마다 소중하게 해야 할 일들을 틀림없이 놓칠 것이다. 잘못을 해서 부모가 생일잔치를 취소해 버렸다고 하소연하는 아이들을 만나는 것은 그리 어렵지 않다. 아이들과 흥정이나 거래를 하는 것이 얼마나 잘못된 결과를 만드는지 가장 잘 보여주는 예는 까다로운 아이들을 다루는 수많은 기관에서 찾아볼 수 있다. 바른 행동을 하면 점수를 주고 주말에 외출을 허락하는 식의 '특권'을 주는 기관이 한두 군데가 아니다.

아이들이 규칙과 지시 사항들을 따르게 하려고 보상과 처벌제도를 고안해 낸 어른들이 얼마나 큰 절망감을 느끼는지 알 필요가 있다. 집에 가서 식구들을 만나는 것은 특권이 아니라 인간의 기본 욕구이다. 그 어느 누구도 사람을 관리하고 조작하기 위해 가족의 사랑과 헌신을 요구할 권리는 없다. 그러므로 보상과 처벌이라는 함정에 빠지지 않도록 조심해야 한다. 실제 보상과 처벌이라는 함정에 빠지는 것은 의외로 쉽기 때문이다. 이제 현재 교육 방법이 얼마나 많이 빗나가고 있는지 충분히 동의할 수 있을 것이다.

좁은 의미의 책임

오늘날 교육은 부모와 교사들이 원하는 것과는 아주 다른 가치 체계를 아이들에게 가르치고 있다. 우리 모두는 아이들이 올바른 것을 배우길 원한다. 그러나 현재 교육은 아이들에게 무엇이든 이익이 되는 것만을 하도록 가르치고 있다. 아이들은 행동하기 전에 이득과 손해를 저울질한 뒤 결정을 내린다. 아이들은 이득이 되는 것이면 무엇이든 하려고 든다. 이 같은 가치 체계는 또 다른 아주 심각한 문제와 직결되어 있다. 현재 교육은 아이들에게 아주 이상하고 좁은 의미의 책임을 가르치고 있다.

아이들이 결정을 내릴 때, 먼저 다른 사람들의 필요와 권리를 배려하도록 가르쳐야 한다. 왜냐하면 현재 교육 방법은 아이들이 결정을 할 때, 단지 자신이 한 행동의 결과를 책임지기만 하면 원하는 대로 해도 좋다고 가르치고 있기 때문이다. 이러한 가치 체계는 아이들이 처벌을 기꺼이 받을 자세만 되어 있다면 무엇이든 자신이 좋아하는 것을 할 수 있다고 가르치고 있다. 그 결과, 어른들이 내리는 어떤 처벌도 달게 받는 아이들이 수 없이 많이 생겨나고 있다. 아이들은 어른들이 이제 체벌을 하기 싫어한다는 사실을 이미 알고 있다. 또한 청소년이 범죄를 저질렀을 때, 보호관찰 기간을 두는 등 청소년 법정 체계가 관대하다는 것도 제법 잘 알고 있다. 결국 우리는 이러한 사회제도와 체제를 통해 아이들에게 잘못된 행동을 할 수 있는 면허증을 만들어준 꼴이 되고 말았다.

어른들은 십대들을 이해하기 힘들다는 푸념을 자주 한다. 그러나 세상에는 훌륭한 십대들이 아주 많다. 아이들이 십대가 되면 이따금 어른들과 부딪히기도 한다. 이런 일은 아이가 어른이 되면서 겪는 중요하고 자연스러운 과정이다. 십대들을 이해하기 어렵다고 말할 때, 이는 모든 십대를 일반화한 것이 아니라, 아주 다른 가치관을 갖고 있는 십대들을 일컫는 말이다. 이러한 아이들은 독립을 주장하면서 부모와 교사를 공격하고, 다른 사람의 권리와 필요에 대해서는 조금도 관심이 없다. 반면에 자신이 원하는 것은 무엇이든지 한다. 이들은 잘못을 해서 벌칙이나 처벌이 내려지면, 자신들의 방법으로 해결할 수 있다고 믿는다.

아이들이 어릴 때 기초를 잘 닦아 놓는 것이 중요하다고 말하는 이유가 바로 이 때문이다. 진정한 교육은 단순히 아이들에게 선택할 기회를 주는 것과 문제가 일어난 다음에 일을 수습하는 것 이상을 말한다. 우리는 아이들에게 무엇이 옳고 그른지 분명하게 가르쳐야 한다. 아이들에게 합리적인 권위를 존중하도록 가르쳐야 한다. 또한 우리 자신을 통해서 그리고 다른 사람을 통해서 얻는 교훈들을 아이들에게 가르쳐야 한다. 그렇게 해야만 아이들이 건강한 어른으로 성장하는 것을 즐겁게 지켜볼 수 있을 것이다.

5장

위기의 아이들

지금 세계는 환경오염 때문에 멸종 위기에 놓인 동물들이나 환경 문제로 곤란을 겪고 있다. 실제로 세계 곳곳에 위험에 처한 동물들이 상당히 많아서 사람의 도움이 절실히 필요하다. 그러나 동물뿐만이 아니라 바로 아무런 준비 없이 냉담한 세상에서 살아가야 하는 우리 아이들도 위험한 처지이기는 마찬가지이다. 아이들도 멸종 위기에 놓인 동물들처럼 살아남기 위해 힘들게 싸워야만 한다.

현재 교육 방법이 기존의 사회체제에서 살아가야 할 아이들에게 그리 큰 도움을 주지 못하고 있다는 사실을 이미 여러 번 말했다. 아이들은 교육을 받을수록 교활해지고, 책임을 지지 않는 모습을 보이고 있다. 특히 십대가 되면 여러 가지 문제를 일으키고 있는 것이 현실이다. 결과와 상관없이 자신의 방식으로 무언가를 얻기를 갈망하고, 규칙을 어기는 것이 습관이 되어 버린 아이들의 어려움에 대해 생각해 보자. 이미 처벌에 면역이 생긴 아이들은 '상관없어' 라는 태도를 배워 왔다. 일상생활에서 일어나는 고통과 혼란 때문에 자연스럽게 면역이 된 아이들을 어떻게 대해야 할까?

이런 태도를 보이는 아이들은 이미 엄청난 상처를 받았기 때문에 어른들이 제시하는 보상과 처벌은 전혀 신경 쓰지 않는다. 아마도 부모가 방치했거나, 가족이 뿔뿔이 흩어졌거나, 부모가 술을 마시고 싸웠거나, 할머니나 할아버지가 막 돌아가신 경우의 아이들일 가능성이 크다. 사실 아이들을 이런 환경에서 자라도록 한 원인을 일일이 열거하자면 끝이 없다.

아이들이 처벌에 면역이 생기도록 만든 이유는 아이들이 할 수 없는 무언가를 자꾸 하도록 강요했기 때문이다. 교육은 아이를 돌보는 것이다. 그런데 교육을 하기 위해 아이를 처벌할 때, 아이가 살면서 이미 겪고 있는 일보다 더 나쁜 것을 아이에게 시켜서는 안 된다는 것을 반드시 이해해야 한다. 불행히도 꾸준히 처벌을 받은 아이는 인생을 고통스러운 경험으로 이해한다.

현재 교육 방법이 아무 소용 없는 아이들이 분명히 있다. 혈기가 왕성한 십대들을 생각해 보자. 십대들은 규칙과 전혀 상관이 없는 일에 몰두하곤 한다. 이러한 십대들을 처벌하면 굉장히 기분 나쁘고 협조를 하지 않는 태도를 보인다. 때때로 십대들은 우리가 가르치는 모든 것을 잊고 사는 것 같은 느낌을 주기도 한다.

십대들 중에는 술을 마시거나 마약을 하는 아이들도 있다. 한 번 이런 '극단'을 경험하면 처벌받는 것을 전혀 무서워 하지 않는다. 우울증에 걸리는 아이들도 있다. 이러한 아이들의 감정은 병적인 수준이다. 그들은 자신을 포함한 그 누구에게도 그 무엇에도 관심이 없다. 어른들이 뇌물을 주거나, 협박을 해도 신경 쓰지 않는다. 이러한 아이들에게는 어떤 것도 도움이 되지 않는다. 보상을 해서 잠깐 아이들을 기분 좋게 해줄지 모르지만, 처벌을 하면 아이들은 지옥으로 깊이 빠져 들어가 버리고 만다.

행동 관리는 단지 아이들을 교육하기 위해 필요한 방법이 아니라, 아이들이 생각할 수 있도록 도와주어야 한다. 또한 자신의 선택과 행동의 결과를 진지하게 고려할 수 있는 기술이어야 한다. 과연 자신의 선택과 행동이 다른 사람의 권리와 필요도 함께 고려한 것인가? 만약 똑같은 상황이 다시 주어진다면, 같은 결정을 내릴 것인가, 아니면 다른 행동을 할 것인가? 이처럼 우리는 자신이 선택한 것이 적절하고 훌륭한지 판단할 수 있어야 한다.

보상과 처벌이 효과적으로 이루어지면, 아이들은 자신이 겪은 특별한 상황이 언제 일어났고, 무슨 일이었는지 기억할 수 있다. 다음에 비슷한 상황이 또 일어났을 때 필요한 지식을 사용할 수 있다. 충동적인 아이들은 이러한 과정을 아주 어렵게 생각할 것이다. 더구나 주의력결핍장애(ADD, Attention Deficit Disorder)가 있는 아이들에게 이러한 과정은 아주 어렵게 느껴질 것이다. 충동적인 아이들은 생각하기 전에 먼저 행동을 한다. 어떻게 하면 충동적인 아이들이 자신에 대해 생각할 수 있도록 가르칠 수 있을까? 쉽지 않은 이야기지만, 이러한 교육마저 충동적인 아이들에게는 장애가 된다. 이러한 아이들에게 없는 것(아마도 완전하게 개발할 수 없을지도 모를)은 바로 교육을 통해 배워야 할 기술이다. 지금 학교나 이웃에 충동적인 아이들이 더 많다는 사실을 이상하게 생각해 본 적은 없는가?

주의력결핍장애가 있는 아이들에게 스스로 생각해야 하는 세상은 아주 위험하다. 아이들의 뇌가 제대로 작동하는 순간, 충동이 모든 것을 통제한다. 실수를 할 수밖에 없고, 처벌 또한 반드시 뒤따를 것이다. 따라서 주의력결핍장애가 있는 아이들은 일상생활에 필요한 일들을 순서를 정해 놓고 되풀이하는 연습을 해야 한다. 주의력결핍장애가 있는 아이들이 주어진 환경에서 무언가를 선택하고 결정할 수 있도록 통제해야 한다. 이 아이들이 자유롭게 하루를 보내는 것은 불가능하다.

현재 주의력결핍장애를 가진 아이들이 받는 교육은 실패를 경험하게 해줄 뿐 아무런 도움을 주지 못하고 있다. 그 이유는 이 아이들이 현대사회에서 성공적인 생활을 할 수 있는 사회구조를 만들어 주지 못하고 있기 때문이다. 따라서 우리는 이러한 분야에도 좀더 관심을 갖고 준비해야 한다. 이것은 단지 주의력결핍 장애를 가진 아이들을 위한 것만이 아니라, 바로 우리 모두를 위한 것이기 때문이다.

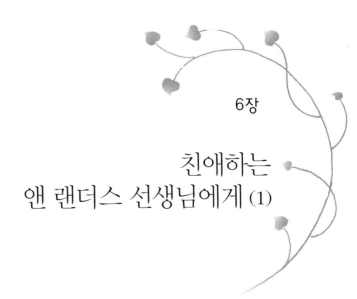

6장

친애하는
앤 랜더스 선생님에게 (1)

현재 교육 방법으로 인해 생기는 여러 가지 문제들이 무엇인지 올바로 이해하는 것과 더불어, 이제 우리는 이 문제들이 우리의 일상생활에 어떻게 영향을 미치는지 살펴보아야 한다.

이 문제들을 가장 잘 보여주는 예가 바로 한 엄마가 상담가에게 쓴 편지다. 이 엄마는 좌절감과 분노에 차서 편지를 썼다. 우리는 "왕짜증"이라는 제목으로 쓴 이 엄마의 편지에서 그녀의 상황을 쉽게 이해할 수 있을 것이다.

이 편지 전체에는 1부의 여러 장들에서 다룬 모든 교육 기술과 방법들이 나와 있다. 협박, 흥정, 기본을 무시한 모습들을 통해 현재 교육 방법의 결과를 볼 수 있다. 한 가지 방법이 실패하면 또 다른 방법을 써온 한 엄마가 처절하게 패배하고 포기하는 과정을 들여다보자.

친애하는 선생님에게

저는 직장 여성이자 두 아이의 엄마입니다. 열두 살과 열네 살 된 두 딸들은 아주 총명하고 재능이 많습니다. 딸들은 마치 회오리바람이 쓸고 지나간 듯한 방을 함께 쓰고 있습니다.

이젠 아이들에게 방을 정리하라고 고함치는 것도 지쳤습니다. 옷들은 늘 침대 위나 바닥에 널려 있거나 문고리에 걸려 있습니다. 침대는 한 번도 정리한 적이 없어요. 2주 전의 신문이 여기저기 돌아다니고, 음료수 깡통, 귤껍질 등 온갖 쓰레기가 방에 널려 있습니다. 외출을 할 때는 아주 말쑥하고 깨끗한 차림으로 나가기 때문에 아무도 딸들의 방이 돼지우리 같은지 모를 거예요.

저는 딸들이 옷을 제대로 정리할 때까지 다른 옷은 절대로 사주지 않겠다고 말하곤 했습니다. 용돈을 끊기도 했지요. 그러나 딸들은 신경도 쓰지 않았습니다. 그래서 화장대, 이불, 침대보 따위를 사주면서 방을 새롭게 단장하도록 격려해 보기도 했습니다. 그러나 여전히 아무런 변화가 없습니다.

어느 날 저는 딸들과 쓸데없이 말다툼을 하지 않기로 결정했고, 딸들이 얼마나 견디는지 지켜보기로 했습니다. 그러나 이것도 소용이 없었습니다. 옷은 말 그대로 발 디딜 틈조차 없이 방바닥을 덮고 있었습니다. 아마 처음 방을 들여다본 사람이라면 바닥 색깔이 무슨 색인지 모를 정도입니다. 하지만 딸들은 조금도 불편해하지 않습니다. 아이들은 지금도 옷을 밟으며 다니고 있고, 별 탈 없이 잘 살아가고 있습니다.

저는 딸들에게 너무 많은 것을 요구한다고 생각하지 않습니다. 혹시 제가 너무 많은 것을 요구하는 것일까요? 머리가 돌아버리기 전에 어떻게 해야 좋을지 말씀해 주시기 바랍니다.

왕짜증이 난 엄마로부터

만약 이 엄마의 좌절감을 이해하고 함께 나눌 수 있다면, 앤 랜더스의 답장을 읽기 전에 어떻게 할 것인지 한 번 생각해 보자. 그리고 정말 희망이 없다고 느낀 이 엄마의 마음을 공감해 보자.

친애하는 왕짜증 님에게

정신 나간 딸들에게 당신이 더 해줄 것은 아무것도 없습니다. 그러나 당신 자신을 위해 할 수 있는 일이 있습니다. 돼지우리 같은 딸들의 방문을 닫고 딸들이 대학을 갈 때까지, 혹은 결혼할 때까지, 혹은 직장을 잡을 때까지, 혹은 이중에서 무슨 일이 가장 먼저 일어날지 모르겠지만 그때까지 다시는 그 방에 들어가지 않겠다고 맹세하십시오. 그리고 딸들에게 침대보와 베갯잇이 어디에 있는지 말해 주고, 딸들이 원하기 전까지 새것을 사주지 마십시오. 수건도 그렇게 하십시오.

아마 이 방법이 딸들의 방을 깨끗하게 해줄 수 없을지도 모르지만, 적어도 잘 정돈된 방보다 더 중요한 당신의 혈압을 낮추어 줄 수 있을 것이며, 당신 마음의 평화에 도움이 될 수는 있으리라 생각합니다.

이 답장에서 발견할 수 있는 중요한 사실은 편지 내용 안에 비난이 전혀 들어 있지 않다는 것이다. 아마도 이러한 식의 대답은 현재 교육 방법을 반영하고 있는 전형적인 대답이기 때문에 다른 행동 '전문가들'에게 편지를 쓴다 해도 '왕짜증' 엄마는 거의 같은 답장을 받을 것이다.

먼저 우리는 이 엄마를 좌절하게 만든 문제가 무엇인지 분명하게 짚어 볼 필요가 있다. 상담가는 방의 청결에 대해서는 전혀 말하지 않았다. 그리고 딸들이 필요로 하는 것에 대해서도 말하지 않았다. 만약 아이들의 방이 돼지우리 같아도 신경을 쓰지 않는다면, 또 아이들의 공간을 만들어 주고 싶다면, 그것은 온전히 부모의 결정과 의사에 달려 있다. 부모는 이러한 결정을 내릴 수 있다. 그러나 만약 방 청소와 방 정리가 중요하며, 아이들이 자신의 방을 깨끗하게 유지하길 원한다면, 아이들이 직접 이 일들을 하도록 시켜야 한다. 부모는 아이들이 이렇게 하도록 만들 책임이 있다. 즉 아이들이 부모의 결정을 받아들이고 행동하도록 만들어야 할 책임이 있다.

편지에서 다루어야 할 진짜 주제가 바로 이것이다. 편지는 방 상태가 어떤지 말하지 않았다. 대신에 순종에 대해 말하고 있으며, 딸들로 하여금 엄마의 지시 사항을 따를 것인지 말 것인지 결정하도록 하라고 되어 있다. '왕짜증' 엄마는 자신이 생각할 수 있는 모든 것을 시도해 보았지만 딸들은 모두 거절했다. 이에 좌절감을 느낀 엄마는 도움말을 듣기 위해 편지를 썼다. 하지만 포기하라는 간단하지만 본질적인 도움말만을 들었다.

이 편지는 아이들에게 자신의 일을 결정할 수 있도록 하고 있지만, 실제로 어른들의 마땅한 요구도 거절할 수 있다는 교육 방식을 따르고 있다. 또한 보상과 처벌을 적절히 쓰면서 강요해 보았지만, 우리의 가치 체계를 거부하는 아이들의 반항심만 확인했을 뿐이다. 결국 엄마는 무력감만을 느꼈다. 이와 같은 방식은 그저 "그냥 내버려 둬. 그것이 아이들을 아이답게 하는 것이야"라는 교훈만 주었다. 안타깝게도 이 방식이 바로 모든 사람들이 말하는 "아이를 아이답게 하라"는 의미가 되었다. 아이들을 바꾸는 일은 우리가 할 일이 아니라는 뜻이다. 아이들에게는 자유

의지가 있으니까 아이들을 바꾸기보다 우리 자신을 바꾸는 편이 훨씬 빠를 것이다.

그러나 만약 딸들이 점점 더 심하게 반항하면 그때는 어떻게 하겠는가? 딸들이 학교를 빠지기로 결정한다면, 밤늦게까지 집에 들어오지 않는다면, 술과 담배를 해서는 안 된다는 규칙을 어긴다면, 그래도 이러한 것을 무시할 것인가? "내가 할 수 있는 일은 없어요. 아이는 아이답게 내버려 두어야지요"라고 말할 것인가? 아무리 작은 문제라도 아이들이 자주 반항하는 것을 허락하는 부모들은 몇 년 뒤에 슬퍼할 준비를 단단히 해야 할 것이다. 아이들의 반항심은 쉽게 사라지지 않고 오히려 더 강해질 것이다. 반항은 아주 길고 뼈아픈 여행의 시작일 뿐이다.

부모와 교사는 이러한 길을 가서는 안 된다. 아이는 부모의 지시와 규칙을 존중하는 법을 배워야 한다. 또한 교사를 비롯해 권위를 갖고 일을 하는 다른 사람들을 존중하는 법을 배워야 한다. 흥정과 협박은 효과 있는 방법이 아니다. 아이의 잘못을 알고도 넘겨 버리는 것도 도움이 안 된다. 다행스럽게도 우리에게는 아주 좋은 방법이 있다. 이 방법들을 다음 장에서 계속 살펴보도록 하자.

2부

훌륭한 아이로
훈련하기

7장

생각할 것인가 말 것인가
그것이 문제로다

아이들이 순종하기를 기대하면서 보상과 처벌을 할 때, 부모와 교사들은 순종은 실천이 아니라 생각하는 것이 더 중요하다는 사실을 알아야 한다. 왜냐하면 아이들이 종종 "왜 내가 순종해야 해요? 순종해서 얻는 게 뭐예요? 순종하지 않으면 무슨 일이 일어나는데요?" 하고 반응하기 때문이다. 이러한 정보를 알아야 순종을 잘하는 아이로 교육할 수 있다.

순종에 대해 토론할 때, 우리는 자주 논리와 이성으로 아이들을 설득하려고 한다. 우리는 아이들에게 책임의 중요성을 인식하고, 다른 사람들의 필요와 느낌도 생각해 보라고 요구한다. 또한 아이들에게 다른 사람의 처지가 되어서 그 느낌이 어떤지 생각해 보라고까지 요구한다. 아이들은 자신의 행동과 결정의 결과들에 대해 생각해 볼 것이다.

기본적인 순종

자동차를 운전할 때는 반드시 교통신호를 지켜야 한다. 그야말로 가장 고분고분하게 따라야만 한다. 운전을 할 때, 모든 운전자는 교통신호의 명령을 따른다. 아무리 급한 일이 있어도 신호등이 빨간색이면 멈추어 서야 한다. 그렇다면 운전하는 사람은 왜 교통 규칙을 지키는 것일까? 안전 때문이라고 생각할지도 모르지만, 실제는 그렇지 않다. 물론 안전 때문에 신호등을 교차로에 세우기는 했지만, 그것 때문에 운전자가 멈추어 서는 것은 아니다. 또 정지 신호에 서지 않으면 아주 끔찍한 일이 일어날 것이라고 생각하기 때문도 아니다. 실제로 운전하는 사람은 딴 생각을 할 수도 있다. 직장 일을 생각할 수도 있고, 시장 볼 생각을 할 수도 있다. 그런데도 빨간 신호등 앞에서 멈추어 서는 이유는 빨간 신호등 앞에서 항상 멈추어 섰기 때문이다. 이 행동은 습관이 되어 버린 것이다.

우리는 아주 본질적인 규칙들을 순순히 따르며 살아가는데, 실제로 생각할 필요 없이 규칙에 따라 행동한다. 이것은 현재 교육 방법에 의해 형성된 것과는 정반대 양상이다. 반드시 지켜야 할 규칙들을 개인이 판단하도록 맡길 수는 없다. 사람들이 기본 규칙을 무시하기 시작하면, 그들 중 많은 사람들이 충동대로 행동하거나 무엇이든 자신에게 유리한 쪽을 선택할 것이다. 어떤 분명한 상황에서 습관대로 반응하도록 사람들을 훈련할 수만 있다면 이러한 문제들은 일어나지 않을 것이다. 우리가 일상생활에서 지키는 규칙과 법들은 바로 이러한 방식으로 운영된다. 빨간 신호등이 켜졌는데도 멈출지 계속 갈지를 생각해야 하는 나라에서 산다면 편안하게 운전할 수 없을 것이다. 만약 이런 나라가 있다면, 틀림없이 사람을 미치게 만들 것이다!

그렇다고 순종이 모두 이런 식으로 이루어져야 한다는 뜻은 아니다. 실제로 우리 주변의 많은 규칙들은 그 의미를 더 깊이 생각해 볼 필요가 있다. 예를 들어, '양보' 표지판은 운전하는 사람이 판단해야 한다. 중요한 문제는 무엇이 규칙인지 아닌지 올바로 이해할 수 있어야 한다는 것이다. 학교 운동장에서 싸워서는 안 된다는 규칙은 아이들이 판단하는 것이 아니다. 아이들이 기본 규칙을 잘 지킬 수 있도록 훈련을 해야 한다. 이것은 어른들의 세상에서뿐만 아니라 아이들의 세계에서도 지켜야 한다.

그러면 어떻게 해야 이렇게 될 수 있을까? 그 답을 알아보기 위해 전문가들이 사용하는 방법을 살펴보도록 하자. 운전 강사는 아마도 우리 사회에서 사람들을 가장 순종적으로 훈련시킬 수 있는 직업이라고 할 수 있다. 그들은 특별한 방법으로 가르친다. 물론 보상이나 처벌을 사용하지도 않는다. 만약 운전 강사가 첫 수업을 마치자마자 "자동차가 밖에 있습니다. 다 같이 나가서 지금 가르쳐준 대로 차를 몰아 보도록 합시다. 만약 사고를 내지 않고 차를 운전한다면, 수강료 중 반을 돌려드리겠습니다. 사고를 내더라도 보험회사에서 모두 책임질 테니 염려하지 마십시오. 나중에 보험료가 조금 오르긴 할 겁니다. 그러니 될 수 있는 대로 조심스럽게 운전하십시오. 자 그러면 행운을 빕니다"라고 말했다고 하자. 이 얼마나 어리석은 운전 강사인가? 만약 이런 식으로 운전 교습을 한다면 망하지 않을 운전 학원이 어디 있겠는가!

운전 강사는 강습받는 사람을 운전석에 앉히고 자신은 옆에 앉아서 직접 감독을 하면서 도로 규칙을 따르도록 가르칠 것이다. 운전 강사는 운전할 때 지켜야 할 모든 규칙을 강습받는 사람에게 자세하게 가르쳐주어야 한다. 한 가지를 알려준 뒤에 학생이 얼마나 잘 따라하는지 보고 잘못된 것이 있으면 고쳐 주어야 한다. 운전 강사는 다음과 같이 가르쳐줄 것이다.

"우선, 안전벨트를 매세요."

"자, 이제 출발하세요."

"조금 속력을 올리세요."

"거울을 확인하세요. 네, 좋습니다."

"자, 이제 저쪽에 차를 대세요. 아주 좋습니다!"

운전을 제대로 하지 못했다면, 운전 강사는 차를 멈추게 하고 처음부터 다시 시작해 보라고 할 것이다. 강사가 이렇게 시키는 것은 운전을 제대로 못했다고 처벌하는 것이 아니라, 잘못된 부분을 고쳐 주는 것이다. 만약 훈련 과정에서 제대로 듣지 못한 내용이 있다면 무엇이 더 필요한지 기록해 두는 것도 필요하다.

순종을 훈련할 때 가장 중요한 전략은 직접 가르치고 감독하는 것이다. 작은 것부터 따라하도록 만드는 것이 중요하다. 왜냐하면 좋은 습관을 들이기 위해 끊임없이 되풀이하는 훈련을 시켜 주기 때문이다. 실수는 고쳐야 하고, 바람직한 행동은 계속 되풀이해야 한다. 자, 이제 아이들의 순종 훈련이 의미하는 바가 무엇인지 살펴보도록 하자.

순종 훈련하기

아이들이 순종하는 법을 알게 되면 훈련하기 쉬워진다. 어른들의 말을 늘 잘 듣게 되면 이것이 자연스럽게 몸에 배어, 결국 지시 사항을 잘 따를 것이다. 이것이 바로 교육의 셋째 비법이다. 아이들이 훈련을 잘 받으면 습관이 된다. 좋은 습관을 갖도록 훈련을 해야 한다.

그렇다면 어떻게 아이들과 함께 이런 일을 할 수 있을까? 아이들이 어느 날 갑자기 어른들의 말을 잘 듣게 되는 것이 아니라, 작은 것에서부터 시작된다는 사실을 기억해야 한다. 이것은 별로 중요하지 않은 것은 무시하라고 가르치고 있는 행동 관리와 완전히 반대되는 내용이다(아주 세심하게 주의를 기울이지 않으면, 일을 무시하는 것 때문에 온갖 문제가 생길 수 있다). 부모는 아이가 두 살이 되었을 때부터 순종 훈련을 시작해야 한다. 전형적인 예를 한번 들어보자.

딸이 아빠에게 와서 "물!" 하고 말했다.

"뭐라고?"

"마실 물!" (이것이 첫 번째 반응인 요청이다.)

"물을 마시고 싶으면 아빠에게 뭐라고 해야지?"

"아빠, 물 좀 주세요." (이것이 두 번째 반응인 요청이다.)

"그래, 여기 물 있다. 그럼, 이제 뭐라고 해야지?"

"아빠, 고맙습니다!" (이것이 세 번째 반응인 순종하는 반응이다.)

아주 사소한 일에서도 아이가 순종하는 모습으로 클 수 있도록 도울 수 있다. 예를 들어, 집에서 지켜야 할 규칙이 열다섯 가지가 있는데, 규칙을 잘 지키는 아이는 열여섯 번째 규칙을 만들어도 잘 지킬 것이다. 부모가 얼마나 자주 지침을 주는가에 따라 습관이 될 것이며, 별로 생각하거나 갈등하지 않고 자연스럽게 반응하게 될 것이다. 아이들이 자신의 해야 할 일, 학교 숙제 및 다른 일들을 스스로 할 수 있게 하려면, 바로 이런 식으로 훈련을 해야 한다.

순종 훈련을 하기 위해 놀이와 활동을 하는 것이 좋다. 이러한 놀이와 활동은 어른들이 지시하는 아주 작은 내용들을 아이들이 따라할 수 있도록 고안되어 있다. 이 놀이들은 재미있을 뿐 아니라, 아주 중요한 가르침을 받고 있다는 사실조차 모르기 때문에 아이들이 금방 따라할 수 있다. 미용체조, 박자 맞추어 손뼉 치기, 함께 소리 내어 책 읽기, 함께 노래하기, 빙고(BINGO) 등 여러 가지 놀이를 통해 아이들을 훈련시킬 수 있다.

분명한 것은 작은 일을 자주 시키는 것이 아이들이 일상에서 자연스럽게 순종하도록 만든다는 것이다. 아이들이 가능한 자주 일정한 과정을 따라하도록 해야 한다. 작은 일에도 순종하는 아이가 되면 부모와 교사들의 고민도 많이 줄어들 것이다. 운전 강습을 할 때 운전 강사가 학생의 행동을 끊임없이 통제하며 좋은 습관을 만들어 나가는 모습을 생각해 보라. 다른 생각을 하면서도 자연스럽게 안전벨트를 매는 것은 바로 습관이 되었기 때문이다.

잠에서 깼을 때 사람의 두뇌는 아직 완전히 깨어나지 못한 상태이지만 날마다 하는 일을 하는 데 전혀 무리가 없다. 몸에 배어 있는 습관대로 행동하지 않으면 중요한 것을 빠뜨리는 경우가 생길 것이다. 특히 잠자리에 드는 습관도 일정해야 하는데,

이는 뇌를 쉬게 하는 아주 중요한 일이기 때문이다.

훈련을 잘 받은 아이

아이를 잘 길렀다고 소문난 한 친구를 방문한 적이 있다. 친구와 이야기를 하는 동안, 일곱 살짜리 그의 아들은 텔레비전을 보고 있었다. 친구는 아이에게 15분 동안 텔레비전을 보고 자러 가라고 했다. 시간이 되자 친구가 아이에게 "자야 할 시간이구나. 네 방으로 가야지?" 하고 말했다. 그러자 아이는 곧 텔레비전을 끄고 잘 준비를 하기 시작했다. 몇 분 뒤, 이를 닦고 잠옷으로 갈아입은 아이는 친구에게 잘 준비가 되었다고 말했다. 그러자 친구는 아이 방으로 가서 등을 쓰다듬으며 내일 할 일을 짤막하게 말해 준 뒤, 잘 자라며 아이 볼에 입을 맞추었다. 친구는 다시 거실로 돌아와서 나와 계속 이야기를 나누었다. 나는 이 광경이 신기해서 친구에게 물었다.

"어떻게 그렇게 할 수 있어?"

"뭘?"

"아이가 쉽게 자러 가네."

"나도 몰라. 우리는 늘 이렇게 하는데……."

그렇다. 친구 아들은 늘 이런 식으로 잠자리에 들었다. 아이에게는 이렇게 하는 것이 일상이며 습관인 것이다. 물론 친구 아이도 보통 아이들처럼 할 때가 있다. 예를 들어, 방학이 끝날 즈음이나 휴가 때, 혹은 집안 행사가 있을 때는 평소처럼 잠자리에 들 수 없다. 물론 다시 일상으로 돌아와서 하루 이틀은 생활 리듬이 깨져 힘들어하겠지만 곧 평상시 습관대로 잠자리에 들 것이다.

한편, 교사들도 수업 분위기를 좋게 만들고, 아이들이 잘 따라오도록 만드는 데 어려움을 겪을 수 있다. 학생들이 조용히 공부하는 교실로 가 보라. 그리고 담임교사에게 수업 분위기가 좋은 비결이 무엇인지 물어보라. 아마도 교사는 질문에 쉽게 대답하지 못할 것이다. 특별한 방법이 있는 것이 아니라면 자연스럽게 만들어진 분위기를 설명하는 것은 쉽지 않다. 게다가 조용한 교실에서 존중되는 가치를 시끄러운 교실에 곧 바로 적용하기도 쉽지 않을 것이다.

요즘 어른들은 '만약 ~하면'이라는 말을 아이들에게 많이 쓴다. 교육이 잘되지 않을 때, 어른들은 아이들에게 "안 돼!", "싸우지 마!", "이것 먼저 해!"라고 소리칠 때가 많다. 하지만 이렇게 말했을 때, "네, 알겠어요"라고 대답하는 아이들은 드물다. 어른들은 "싸우지 마! 알았어?"라는 식의 말을 너무나 자주 사용한다. 그러나 아이들은 어른들의 말을 무서워하지 않는다.

한편, 아이들에게 순종할 것을 강조하면 아이들이 너무 수동적이 되거나 기가 죽는 것은 아닌지 하고 걱정하는 사람들이 있다. 그러나 아이들에게 하는 순종 훈련은 절대 그렇게 되지 않는다. 오히려 이와는 전혀 다른 모습을 발견한다.

앞에서 다룬 교육의 세 가지 부분을 생각해 보자. 아이들이 어른들의 권위를 억지로 따르는 태도를 보이자 어른들이 훈련에 아주 많은 관심을 갖게 되었다. 반면에 아이들에게 삶의 지혜를 가르치는 것을 소홀히 했으며, 특히 아이들의 독립심을 키워 줄 수 있는 선택의 기회를 많이 주지 못한 것을 인정할 필요가 있다. 지금까지 우리는 선택 그 자체만을 너무 강조했다. 흔히 볼 수 있듯이, 교육이라는 무게중심이 이쪽 끝에서 저쪽 끝을 왔다 갔다 하고 있다. 따라서 우리에게 필요한 것은 교육의 세 부분이 균형을 이루는 것이다.

다시 말하지만, 운전 강사는 아이를 교육할 때 아주 훌륭한 본보기가 된다. 그들은 운전에 필요한 훌륭한 기술들을 완전히 익혀 습관이 되도록 만든다. 좋은 습관이란 자주 백미러를 보고(대략 20초에 한 번 정도 본다고 한다), 알맞게 안전벨트를 고정하고, 회전 신호를 제때 주며, 방향을 바꿀 때 보이지 않는 곳도 잘 확인하는 것 등을 말한다. 또한 도로 상황을 잘 파악하는 것, 평행 주차, 안전 추월, 보행자 안전 우선, 교통 법규 준수 등도 포함된다. 이러한 모든 것은 운전을 할 때 제때에 판단해야 하는 모든 생각과 행동을 가리킨다.

운전 강사는 운전 교습을 받는 모든 사람들이 따라하고 몸에 익혀야 하는 훈련 규칙들과 행동이 무엇인지 정확하게 알고 있다. 마찬가지로 우리는 아이들이 따라하고 몸에 익혀야 할 것이 무엇인지 분명히 알고 있어야 한다. 어떤 습관들은 아주 이상적이지만, 모든 것을 습관으로 만들 필요는 없다. 아이들을 마치 로봇처럼 작동시키려는 것이 아니기 때문이다. 아이들을 위한 좋은 습관에는 다음과 같은 것들이 있다.

- 안전과 건강에 관련된 지시 사항을 따르게 하는 것.
- 책임감과 관련된 지시 사항을 따르게 하는 것.
- 예의와 태도.
- 잠자는 시간, 학교에 가는 시간과 같은 일상.
- 옷차림을 말끔하게 하는 것.

아이들에게 순종 훈련을 시킬 때, 어른들의 지시 사항이 적절하고 올바른 것이어야 한다. 조금이라도 옳지 않은 것을 요구한다면 그것처럼 무책임한 일은 없을 것이다.

휴식이 필요한 아이들

모순처럼 들리겠지만, 부모와 교사들이 아이들이 순종하도록 훈련하기를 꺼리면서도 아이들이 순종적이면 아주 고마워한다.

이것은 사실이다. 습관이 되어 있지 않은 상태에서 어떤 활동을 해야 할 때, 아이들은 쉽게 흥분하거나 과민한 반응을 보인다. 이러한 이유로 많은 사람들이 순종적인 아이로 만들기 위해 전문가를 찾아가서 상담을 하거나 그들의 손에 아이들을 맡긴다. 이들 중 어떤 사람들은 정말로 사소한 문제가 생겨도 아이를 전문가에게 맡긴다. 생각 없는 전문가들은 부모의 요청을 받아들이기도 한다.

삶이 그다지 즐겁지 않아 분위기를 바꾸어 보려고 모인 사람들이 '라인 댄스'를 추려고 한다. 리더가 음악을 틀고 스텝을 밟으며 움직이기 시작한다. 사람들은 리더가 움직이는 대로 따라 움직인다. 아무도 불평을 하지 않는다. "이건 불공평해. 내 선택의 자유를 침해하고 있어!"라고 말하는 사람은 없다. 오히려 그들은 "하루 종일 쌓인 스트레스가 풀리는걸. 그렇지 않아?" 하고 말을 주고받는다. 사람들 대부분은 하루 일과를 마치고 나면 잠시 동안만이라도 머리의 스위치를 꺼놓고 싶어한다. 이렇게 잠깐이라도 생각하기를 멈추면 긴장이 풀린다. 그러면 다시 힘을 얻고 새로운 마음으로 일에 집중할 수 있다. 예를 들어, 태권도, 가라데, 태극권, 수영, 달리기, 뜨게질, 컴퓨터 게임, 음악 감상 따위를 들 수 있다.

아이들에게도 이러한 활동이 필요하다. 요즘 아이들은 개성이 아주 강하다. 부모들은 아이들에게 가능한 스트레스를 주지 않으려고 노력한다. 실제로 아이들이 무슨 일을 하고 있는지 잘 알지 못한다. 아이들이 어디에 있는지 늘 확인해야 하고, 집 안에서도 아이들이 끊임없이 변화하는 모습을 보아야 한다. 학교에서 생활하는 모습도 많이 바뀌었다. 아이들은 이제 한 줄로 줄을 서지 않으며, 똑같이 말하거나, 정해진 행동을 하거나, 되풀이해서 하는 일을 하기 싫어한다. "너 자신을 생각하라"고 강조하는 세상이 되어 가고 있는 것이다.

부모가 자랄 때 겪은 일들을 아이들에게 이야기하면 잘 이해하지 못한다. 그런데도 이 사실을 부모는 너무 자주 잊어버린다. 아이들도 어른들처럼 흔들리고 불안해하고 있으며, 점점 더 소비적인 모습이 되어 가고 있다. 아이들도 어른들처럼 날마다 자신만의 시간을 보내야 한다. 그리고 활동을 한 뒤에는 충분히 쉬어야 한다.

간단한 문제 해결 방법

첫째, 누가 선택하는가를 아는 것이다. 아이들은 선택을 할 때 누가 주체인지 배워야 한다. 아이들이 할 수 있는 선택은 무엇이며, 어른들의 선택은 무엇인지 배워야 한다. 이것을 가르치기 위한 한 가지 방법은 '부모의 선택' 혹은 '교사의 선택'과 같은 아주 특별한 문구를 이용하는 것이다. 물론 "선택은 너에게 달려 있어. 네가 선택해" 하고 아이들에게 맡기는 때도 있어야 한다.

둘째, 허드렛일을 시킨다. 집안일은 하기 귀찮거나 따분한 것이 사실이다. 누구나 날마다 해야 하는 일보다는 더 재미있는 일을 하고 싶어한다. 행동 관리는 집안일을 신중한 활동으로 대하라고 권한다. 이렇게 하기 위해서 아이들에게 허드렛일을 시키고 대가로 용돈을 주라고 한다. 그러나 이렇게 하면 얼마 지나지 않아 아이들은 용돈은 계속 받기를 원하면서도 집안일은 거들지 않을 것이다. 또 아이들이 시간제로 일을 해서 용돈을 벌 수 있으면 허드렛일은 거들떠보지도 않을 것이다.

물론 집안일은 아주 중요하다. 아이들이 집안일을 할 수 있어야 책임이 무엇인지 배울 수 있다. 아이들은 아무런 조건 없이 가족을 위해 집안일을 할 수 있어야 한다. 그러나 허드렛일을 시키기 위해 용돈을 주거나 어떤 조건을 내걸면 아이들은 늘 대가를 받기를 원할 것이다. 보상을 제시하는 대신에 아이들이 기꺼이 집안일을 할 수 있는 습관을 갖도록 만들라. 그리고 집안일을 하면서 다른 활동을 동시에 할 수 있도록 가르쳐라. 이렇게 훈련을 받으면 아이들은 평생 사용할 수 있는 기술 한 가지를 배우게 될 것이다.

셋째, 안 되는 것은 안 된다는 것을 알게 한다. 아이들에게 "안 돼!" 하고 말할 때, 그 말이 아이들에게 일종의 신호가 되어야 한다. 아이가 하고 싶어하지 않으면, 그것을 가지고 토론해서는 안 된다. "이것은 네가 선택할 문제가 아니란다. 이 부분에서는 아예 다른 생각을 할 꿈도 꾸지 마라!"는 뜻을 확실하게 전달해야 한다. 불행히도 많은 부모들은 아이와 이야기를 하다가 너무 쉽게 자신의 결정을 바꾸기도 한다. 아이가 보채거나 간청을 하면 마음이 약해져서 원하는 대로 해준다. 또 아이가 부모를 화나게 하거나 죄의식을 자극하면 결정을 바꾼다(예를 들어, "아빠, 제발 이것 좀 하게 내버려 두세요. 아빠 미워!" 하는 식이다).

따라서 이러한 상황에서 아이가 하고 싶은 것을 허락하는 것이 무엇을 의미하는지 이해할 필요가 있다. 사실 아이에게 "안 돼!"라고 말하는 이유는 아이가 생각 없이 행동할 때 분명한 메시지를 전달해서 생각을 하게 만들기 위해서다. 결국 부모가 아이의 응석을 받아 주면, 아이는 부모가 자신이 하고 싶은 일을 말리거나 나쁜 행동을 못하도록 하기 전에 이미 부모보다 한 수 위에서 일을 꾸미거나 선수를 치는 경우가 생긴다. 아마 이렇게 되는 것을 원하는 부모는 없을 것이다. 아이에게 "안 돼!" 하고 말할 때는 끝까지 안 되는 것으로 결론을 맺어야 한다.

넷째, 임계점을 아는 것이다. 임계점(Critical mass)이란 폭탄이 터질 때 어떤 연쇄반응을 불러일으키는 점을 말한다. 임계점은 사람들의 행동에도 적용된다. 많은 사람들이 규칙과 지시 사항을 잘 따르면, 다른 사람들도 잘 따라한다. 그런데 몇몇 사람이 규칙과 지시 사항을 어기기 시작하면, 이들의 잘못을 나무라거나 처벌을 해서 규칙과 지시 사항을 지키도록 해야 한다. 그러나 좀더 많은 사람들이 규칙과 지시 사항을 지키지 않으면, 갑작스럽게 너도나도 규칙을 어기기 시작한다. 그렇게 되면 기존의 법을 지키던 사람들까지 선을 넘기 시작하고, 결국은 아주 많은 사람들이 규칙을 지키지 않게 된다. 일단 이러한 선이 무너지면 통제가 불가능해진다.

운전은 이러한 상황을 설명해 주는 좋은 예가 될 수 있다. 만약 몇몇 사람이 속도 제한과 멈춤 표시를 무시하기 시작하면, 다른 사람들도 곧 이들처럼 운전을 하게 된다. 좀더 많은 사람들이 규칙을 무시하게 되면, 결국 잘못된 행동이 기존의 질서를 위협하게 된다. 그렇게 되면 속도위반과 신호 무시는 시간문제가 되어 버린다.

아이들도 마찬가지이다. 잘못된 행동을 되풀이하지 않도록 해야 한다. 잘못을 하면, 그 즉시 조치를 취해야 한다. 만약 상황이 임계점에 도달할 때까지 방치해서 연쇄반응이 일어나면 아주 위험하기 때문에 처음부터 철저하게 경계해야 한다. 이것이 바로 행동 그 자체가 굉장한 영향력을 끼치며, 행동을 하기 시작하면 막기 어려운 이유이다.

| 훈련 캠프 |

대개 프로 스포츠 팀은 시즌을 시작하기 전에 훈련 캠프에서 연습을 한다. 날마다 선수들은 몸을 푸는 체조를 하고 훈련을 한다. 이러한 활동들은 경기를 할 때 상황에 반사적으로 반응하기 위한 훈련이다. 선수들은 아무리 힘들고 어려운 훈련이라도 코치의 지시 사항을 따라야 한다. 훈련 캠프가 없다면, 선수들은 실제 경기에서 제대로 실력을 발휘할 수 없다. 코치는 시즌 동안 선수들이 부진하더라도 책망하지 않는다. 대신 이전에 훈련한 '기본'으로 돌아가라고 권유한다. 코치는 이렇게 함으로써 선수들이 부진에서 벗어날 수 있도록 돕는다.

프로 선수가 실력을 최고로 끌어올리기 위해 훈련 캠프가 필요하듯이, 아이를 훈련하는 데도 마찬가지 원칙이 적용된다. 훌륭한 교사들은 해마다 학기가 시작되기 전에 이러한 훈련 기간을 보낸다. 그리고 연휴나 방학이 끝나고 학기가 다시 시작될 때 이러한 훈련 원칙을 다시 적용한다. 이것이 바로 교육의 기본이다.

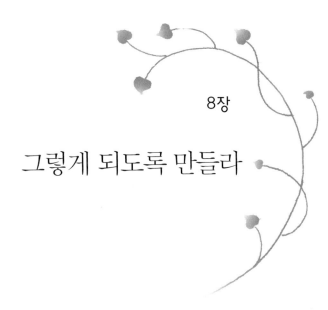

8장

그렇게 되도록 만들라

규칙은 아주 중요하다. 규칙이 있기 때문에 일상생활이 유지되며, 많은 위험한 상황을 겪지 않고 살아갈 수 있다. 규칙은 구조를 만들고, 안전한 사회에서 사람들이 살아갈 수 있도록 만들어 준다. 그러나 말만으로는 규칙이 만들어지지 않는다. 규칙은 권위를 가진 사람들이 규칙을 잘 지킬 때에만 존재한다. 다시 말해 규칙을 지키지 않을 때에는 규칙을 지키도록 강요하는 것이 결정적으로 필요하다. 훌륭한 규칙은 꼭 지키도록 강요해야 한다. 이것이 바로 교육의 네 번째 비법이다.

꼭 지켜야 할 규칙들을 말하면, 사람들은 곧 처벌이 무엇인지 생각한다. 많은 경우에 규칙과 처벌이라는 두 단어는 같은 말로 인식되어 왔다. 그 이유는 여러 해 동안 교육이 주로 결과와 처벌만을 강조했기 때문이다. 부모와 교사들은 아이들이 말을 잘 듣게 하기 위해 새롭고 쉬운 결과를 사용해 왔다. 그러나 그 결과가 별로 효과가 없다는 것을 알게 되기까지는 그리 오래 걸리지 않았다.

부모와 교사들은 아이들이 말을 듣지 않으면 벌을 주거나 협박하는 등 필사적인 노력을 해왔다. 예를 들어, 아이들이 잘못을 하면 오랜 시간 벌을 주는 것이 흔한 일이 되어 버렸다. 여행이나 중요한 모임에 아이들을 데리고 가지 않거나, 고급 음식점에 데려가지 않는 것이 그 예다. 하지만 이 방법은 정말로 불공평하다. 그 결과, 아이들은 아주 화가 나서 더 심하게 반항한다. 결국 어른들은 아이들을 더 엄하게 처벌하게 되었다.

우리가 바라는 것은 이런 모습이 아니다. 그리고 아이들에게 모범이 되는 문제 해결 방법도 아니다. 이러한 상황은 아이들에게 무리한 요구를 할 때 일어나는 현상이다. 이제 아이들이 규칙을 잘 지킬 수 있게 할 수 있는 몇 가지 단계를 살펴보자.

작은 것부터 시작하라

행동 관리가 한창 유행할 때, 아이가 칭찬받을 일을 하면 상으로 스티커를 주는 모습을 흔히 볼 수 있었다. 스티커와 점수를 주는 프로그램들과 아이디어들이 여기저기에서 쏟아져 나왔다. 그러나 많은 부모와 교사들은 이 방법이 너무나 시간이 많이 걸린다고 불평했다. 이러한 불평을 들은 전문가들은 아이들의 작은 잘못들을 눈감아 주고 넘어갈 수 있어야 한다고 제안했다. 작은 잘못은 요령껏 무시하라고 했다. 문제는 전문가들이 지적하지 않은 잘못은 무시해도 된다는 그 사실 자체가 무척 위험하다는 사실이다. 정말로 부모와 교사가 무시해야 할 잘못된 행동은 바로 아이들이 관심을 끌기 위해 일부러 하는 행동이다. 그러나 아이들의 반항을 무시하면 반항심은 더욱 커질 것이다. 아이들의 반항을 무시할 때 반항심이 더 커지는 이유는 아주 간단하다. 아이들은 어른들이 무시한 행동은 어른들이 인정하는 행동이라고 여기기 때문이다.

정말로 무시해야 할 것은 아이들이 저지르는 사소한 잘못을 일일이 처벌해서는 안 된다는 주장이다. 그렇다고 이것이 어른들이 아무것도 할 필요가 없다는 뜻은 아니다. 순종하는 아이로 훈련하기 위해서는 작은 일, 우연히 일어난 일과 행동을 다스릴 수 있는 어른이 필요하다. 운전 강사는 강습받는 사람이 아무리 작은 위반을 하더라도 그냥 넘어가지 않는다. 아니 넘어가서도 안 된다. 만약 차선을 바꿀 때 신호를 켜지 않으면, 곧바로 고치라고 지적할 것이다.

일관성 있게 처벌하라는 말은 잊어버려야 한다. 사실 처벌은 아주 조심스럽게 해야 한다. 아이들을 너무 자주 혼내면, 아이들은 그 만큼 내성이 강해질 것이다. 처벌이나 협박보다 훨씬 더 강력한 방법이 있다는 것은 다행스러운 일이다.

포기하지 말고 밀고 나가라

아이들이 지시 사항을 잘 따라하도록 만들기 위해서는 굳게 마음을 먹어야 한다. 그리고 주장을 끝까지 밀고 나가야 한다. 아이들에게 지시한 것은 그 어떤 질문도 받지 말고 아이들이 그대로 따라하도록 만들겠다고 생각해야 한다. 그와 동시에 아이의 손을 잡고 "너는 잘할 수 있어. 자, 시키는 대로 해보자"고 말하면서 지도해야 한다.

모든 일을 잘 감당해 나가는 사람들을 주의 깊게 살펴보는 것이 좋다. 예를 들어, 훌륭한 코치가 어떻게 하는지 살펴보라. 많은 사람들이 칭찬하는 사람이 계획을 세워 일을 진행하는 모습을 살펴보라. 더 나아가, 훌륭한 부모와 교사를 잘 살펴보라. 이들에게서 발견할 수 있는 것은 결코 사람들을 협박하거나 안달하며 일을 진행하지 않는다는 점이다. 오히려 그들은 특별한 태도, 부드러운 목소리, 명확한 단어, 자신을 드러내기 위해 자연스럽게 권위를 행사한다. 그들이 남자이든 여자이든 전혀 상관없다. 그들은 일을 성공시키기 위해 상식 밖의 일을 저지르지 않는다. 기대하는 것과 받아들일 수 없는 것이 무엇인지 알고 분명하게 의사소통한다. 이것이 이른바 진정한 지도력이다.

다시 운전 강사를 떠올려 보자. 운전 강사가 교육을 시작할 때 그들에게는 선택의 여지가 없다. 안전 운전을 하기 위한 기술들은 선택 사항이 아니며, 절대 타협할 수 있는 것이 아니다. 이것이 바로 아이들을 참되게 교육하기 위해 필요한 태도이다. 아이들에게 지시할 때 순종하도록 딱 잘라 말해야 한다. 결코 타협을 하지 않겠다는 뜻을 분명히 밝혀야 한다. 이렇게 하는 것은 처벌을 하겠다고 협박하는 것과 차원이 다르다. 아이들에게 "너는 잘할 수 있어. 이것이 네가 해야 할 일이야. 자, 시키는 대로 해봐라" 하고 기꺼이 말할 수 있어야 한다. 그렇게 하기 위해서는 지금 아이들이 하고 있는 일을 못하게 할 수도 있어야 한다. 그러나 고함치거나 협박하거나 협상하겠다는 생각은 잊어버려야 한다. 아이들이 어른들의 목소리와 행동을 지켜보면서 자연스럽게 우러나오는 권위를 느낄 수 있게 해야 한다.

진정한 권위

그렇다면 아이들이 인정할 수 있는 권위는 어디에서 나오는 것일까? 우선, 권위는 자신이 하는 일이 무엇인지 올바로 아는 것에서 시작된다. 또한 왜 한계를 정해 놓아야 하며, 왜 아이들을 순종하는 아이로 가르쳐야 하는지 올바로 아는 것에서 비롯된다. 아이들이 정말로 배워야 하는 것이 무엇인지, 그들에게 가르쳐야 할 교훈과 기술들이 무엇인지 올바로 아는 것에서 시작된다. 아이들이 더 책임감 있고 서로 도울 줄 아는 사람이 되어야 한다는 것이 얼마나 중요한지 아는 것에서 시작된다. 아이들이 권위에 대해 질문을 할 때, "이것이 내 일이다"라고 말할 수 있어야 한다. 아이들이 권위에 도전을 할 때도 "이것이 내 일이다"라고 말해 주어야 한다.

교육은 누가 더 잘하는지 보여주기 위한 인기 경연 대회가 아니다. 만약에라도 아이들이 부모와 교사가 하는 일들을 좋아하지 않을까 봐 걱정할 필요는 없다. 부모에게 필요한 것은 아이들의 존경이지 인기가 아니기 때문이다. 아이들이 부모와 교사의 역할을 존중하도록 만들라. 아이들은 한참 뒤에야 부모와 교사가 하는 일을 감사하게 여길 것이다. 대개 아이들이 어른이 되어 자신의 아이를 가질 때쯤에나 감사할 줄 알 것이다.

처벌의 중요한 역할

현재 교육 방법, 특히 결과와 처벌을 중요하게 여기는 교육법이 끼치는 나쁜 영향에 대해 사람들이 점점 더 염려하기 시작하자 또 다른 극단적인 모습이 나타났다. 바로 처벌은 나쁜 영향을 줄 뿐, 유용한 목적으로는 결코 사용될 수 없다는 주장이다. 이 논쟁은 이 책에서 언급하지 않을 것이다. 왜냐하면 균형을 잃고 한쪽 극단에서 또 다른 극단으로 왔다 갔다 하는 것은 비극이기 때문이다. 사실 완벽하게 좋고, 또 완벽하게 나쁜 것은 없다. 사실 분명히 건강한 중도의 길이 있으며, 처벌도 마찬가지이다.

이야기를 더 진행하기 전에 왜 전문가 대부분이 추천하고 있는 논리적인 결과를 다루지 않고, 처벌에 대해 다루는지를 분명히 밝힐 필요가 있다. 물론 이유는 간단하다. 실제 생활에서 논리적인 결과들을 아주 쉽게 찾아볼 수 있다. 결과라는 논리는 받아들이는 사람의 눈에 논리적인 것이지, 벌을 주는 사람에게는 논리적이지 않다는 것이 그 이유이기도 하다. 또한 논리는 모든 아이들의 관심사가 아니라 아주 극소수의 아이들만이 이해할 수 있다. 만약 처벌을 느낌으로 말하라면, 처벌은 처벌일 뿐 아무것도 아니다. 아이들이 학교 소풍을 가지 못하게 되거나, 자기 친구들과 함께 갈 수 없는 처지가 되면 심한 처벌을 받았다고 느낀다. 나중에 위로하기 위해 사탕발림을 해도 별 소용이 없다. 처벌을 있는 그대로 보고, 왜 처벌을 받게 되었는지 아이들과 이야기해 보아야 할 것이다.

처벌은 교육에서 아주 중요하다. 그러나 처벌은 생각하는 것처럼 쉽게 좋은 결과를 가져다주지 않는다. 처벌을 한다고 아이들이 책임감과 협동심을 갖게 되는 것은 아니다. 어른들이 감독하고 지도하는 자리를 처벌이 대신해서는 안 된다. 그리고 처벌이 그 자리를 대신 할 수도 없다. 그러나 분명히 처벌의 효과가 있는 것만은 틀림없다.

처벌의 중요한 역할은 아이들에게 부모와 교사가 말하는 것이 무엇인지를 알게 해준다는 것이다. 또한 처벌은 잘못된 행동을 멈출 수 있기 때문에 정말 중요하다. 처벌의 역할이 무엇인지 이해하면, 강도 높은 처벌을 할 필요가 거의 없다는 사실도 이해할 수 있다. 약 2분 정도면 아이들에게 분명한 뜻을 전달할 수 있다. 많은 부모들이 큰 목소리로 오랜 시간 아이들을 야단친 경험이 있을 것이다. 이것은 처음에 생각한 처벌이 아니다. 우리는 처벌이 효과가 있는 상황이 거의 드물다는 사실을 기억해야 한다.

그래도 가끔은 아이들에게 부모의 지시가 잘 전달되지 않아 호되게 야단치거나 혼을 내야만 하는 경우가 있다. 이렇게 꼭 혼을 내야 할 때는 미루지 말고 해야 한다. 아이들을 심하게 야단쳐서는 안 된다고 말하는 것은 아주 어리석다. 예를 들어, 만약 학교에 흉기를 가지고 왔다면, 두말할 필요 없이 정학시켜야 한다. 바로 이것이 올바르게 처벌하는 것이다.

필요할 경우에는 반드시 혼을 내야 하지만, 화가 난 상태로 해서는 안된다. 만약 화가 나서 혼을 내면 아이는 억울하다고 느낄 것이며, 혼나야 하는 이유를 모를 것이다. 분노 대신 슬픈 마음으로 혼내야 한다. 화가 나서 혼내면 처벌이 꼭 필요할 때도 실패할 것이다. 아이들이 살아가는 과정에서 특별한 길에 서 있다는 것을 슬프게 여기는 것은 자연스러운 느낌이다.

처벌을 받는 동안에도 아이와 꾸준히 접촉해야 한다. 예를 들어, 아이가 학교에서 정학을 받았다 해도 날마다 잠깐이라도 아이가 학교에 들르도록 해야 한다. 이때 아이의 생각과 상태를 살펴보아야 한다. 집에서도 마찬가지다. 아이를 방에서 나오지 못하게 하고 마치 아이가 집에 없는 것처럼 행동하는 일은 삼가야 한다. 아이가 잘못했어도 꾸준히 이야기를 해야 한다. 아이가 집에서 보통 때와 똑같이 생활할 수 있도록 해주어야 한다. 너무 오래 처벌을 해서는 안 되며, 이전보다 처벌을 받고 있을 때 행동이 더 나아지도록 이끌어 주어야 한다.

"절대 안 됨"

지난 몇 년 동안, 어른들은 아이들에게 "절대 안 돼!"라는 말을 많이 했다. 이 말은 자주 사용되는 만큼 오해를 많이 불러일으켰다. 많은 사람들이 믿고 있는 것과는 반대로, 실제로 이 "절대 안 됨"이라는 말은 처벌의 문제로 다루고 있지 않다. "만약 친구와 싸우면 교무실로 와야 해"라는 말에서 "만약 싸우면 퇴학당할 각오를 해야 해"라는 말로 규칙이 바뀌었는데도 이 "절대 안 됨"의 목적은 이루어지지 못했다.

따라서 "절대 안 됨"은 우리의 목적을 어떻게 올바로 전달할 것인가 하는 문제이다. 사실 "절대 안 됨"을 적용한 가장 좋은 예는 교통법규이다. 사람들은 모두 교통법규를 어기면 처벌을 받는다는 사실을 잘 알고 있다. 마찬가지로 속도위반을 했을 때 처벌이 얼마나 무거운지도 잘 알고 있다. 모든 사람이 알 수 있도록 정보를 공개했다. "만약 음주 운전을 하면, 벌금을 30만 원 물어야 하며, 벌점 6점을 받습니다." 그러나 불행하게도 한번 음주 운전을 하면 나중에는 습관처럼 술을 마시고 운전을 하게 된다. 너무나 많은 사람들이 음주 운전 사고로 사망하자 법률가들은 법을 강화해 벌금을 배로 늘리고 구금 제도를 실시했다. 그러나 음주 운전이 잠깐 동안 줄어들었을 뿐, 변화는 일어나지 않았다. 음주 운전자들은 여전히 처벌을 대수롭지 않게 여겼다.

그러자 사회는 절대 음주 운전을 허용하지 않는다는 것을 인식시키기 위해 다른 방식으로 접근했다. 훨씬 더 많은 벌금과 처벌을 부과하는 대신에, 수백만 개의 작은 표지판과 스티커들을 차창에 붙이도록 했다. 스티커에는 "음주 운전, 절대 불허"가 적혀 있었다. 아무런 설명도 없고, 선택할 여지도 없었다. 처벌에 대한 언급도 없었다. 다시 말해, 음주 운전은 생각도 하지 말라는 의미였다. 우리가 어떤 행동에 대해 생각할 여지를 남겨 두지 않고 의사소통한다면, 바로 그것이 "절대 안 됨"에 올바로 접근하는 것이다.

권위를 존중하라

많은 부모와 교사들은 권위를 사용하기 두려워한다. 아이들이 권위를 존중하지 않거나 아이들과 말이 통하지 않을까 봐 걱정하기 때문이다. 우리는 앞에서 아이들에게 존중받을 수 있는 세 가지 방법을 살펴보았다. 첫째, 아이들이 어른들에게 순종하도록 교육하는 것이다. 이렇게 하면 아이들은 어른들의 이야기하는 것을 잘 따라하는 습관을 갖게 된다. 둘째, 어른들이 책임자임을 분명히 보여주라는 것이다. 상당 부분은 말하는 방식과 존재 방식과 관련이 있다. 이것은 운동선수를 가르치는 코치와 운전을 가르치는 강사를 통해 살펴보았다. 코치와 운전 강사가 하는 방식대로 하는 것이다. 셋째, 어른들은 큰 책임을 지고 있는 존재로서 권위를 갖고 있다는 것을 알게 해야 한다. 권위를 올바로 행사해야 한다. 어른들은 아이들을 책임감 있고 서로 도울 줄 알도록 가르치는 사람임을 알게 해야 한다.

이제 아이들이 부모와 교사의 권위를 존중하도록 만드는 몇 가지 방법을 살펴보자.

▶ 존중은 쌍방 통행이다. 만약 어른들이 아이들의 권리와 필요를 무시하면, 아이들에게 어른들의 권리와 필요를 존중하도록 가르치기는 아주 어려울 것이다. 이것은 독립심을 배우고 있는

십대 아이들에게 특별히 중요한 내용이다. 실제로 십대들은 그들의 권리와 필요를 이해하지 못하고 존중하지 않는 어른들을 가장 힘들어한다.

▶ 부모와 교사가 바라는 아이들의 모습과 행동을 직접 보여주어야 한다. 친절한 아이를 원하면, 어른이 먼저 친절해야 한다. 그렇지 않으면 아이들은 어른들이 자신의 편리를 위해 규칙을 만들었기 때문에 그 규칙이 불공평하다고 이해할 수밖에 없다. 어른이 아니라 아이가 받아들일 수 있는 행동이어야 한다는 것을 잊지 말아야 한다. 다시 말해, 아이가 자야 하는 시간에 부모도 자야 하는 것은 아니라는 뜻이다. 아이들은 자신들과 달리 어른들만이 갖고 있는 어떤 권리와 특권이 있다는 것을 배울 필요가 있다.

어떤 부모들은 자신들의 행동을 따라하는 자녀들 때문에 곤란해하기도 한다. 가장 흔한 예로, 부모가 담배를 피우면 아이들도 담배를 피우기 쉽다. 그러나 부모가 담배를 피우기 때문에 아이들도 담배를 피울 수 있는 것은 아니다. 현재 담배를 피우고 있다 하더라도 죄의식을 갖지 말고 "안 돼!"라고 말해야 한다. 이것이 바로 교육이다(물론 건강에 좋지 않은 담배를 끊는 모습을 보여주면 이보다 더 좋은 교육은 없다 - 옮긴이).

2장에서 소개한 '낙타 이야기'를 떠올려 보자. 교육은 아이를 보호하는 방법이며, 아이가 다른 사람의 경험을 통해 배우도록 하는 것이다. 우리는 담배가 얼마나 건강에 해로운지 잘 알고 있기 때문에 아이들이 훨씬 더 나은 길을 선택하도록 가르쳐야 한다. 그것이 우리가 할 일이다.

▶ **권위를 지혜롭게 사용하라.** 권위는 언제나 함부로 쓸 수 있기 때문에 이러한 함정에 빠지지 않도록 각별히 주의해야 한다. 그리고 아이들이 잘못을 했을 때 벌로 때리는 것은 좋은 방법이 아니다. 또한 지나치게 혼내는 것을 삼가야 한다.

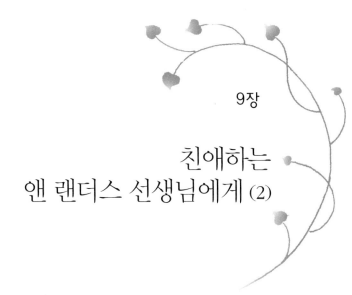

9장

친애하는
앤 랜더스 선생님에게 (2)

이제 지난번 '왕짜증' 엄마의 편지로 돌아가 보자. 이 엄마는 딸들의 문제를 해결하기 위해 순종 훈련 방법을 사용했다. 그 결과, 딸들은 방을 깨끗하게 정리했다! '왕짜증' 엄마는 순종하는 아이로 훈련하기 위한 세 가지 방법, 즉 '직접 감독하라', '직접 지시하라', '작은 것부터 시작하라'를 적용했다.

엄마는 딸들의 방으로 갔다. 부엌에 서서 아이들을 변화시킬 수는 없다. 엄마는 우선 딸들에게 아주 쉽게 할 수 있는 일을 시켰다. "린다, 이 책을 책꽂이에 꽂아 놓아라." "조앤, 이 인형을 다른 인형들이 있는 곳에 함께 놓아둘래?" 그리고 음료수 깡통, 장난감, 너저분하게 널려 있는 옷들을 차례로 정리하라고 말했다. 조금씩 정리를 하다 보니 속도가 붙었다. 구석에 쌓여 있던 쓰레기들이 사라지고, 지저분한 옷도 세탁기 속에 들어갔다.

방이 대충 정리가 되자 엄마는 방을 청소하기 시작했다. 그러나 엄마는 "만약 너희가 반을 정리하면, 내가 나머지 반을 정리할게" 하는 식의 흥정을 하지 않았다. 이미 여러 번 말했듯이, 아이들과 절대로 흥정을 해서는 안 된다. 엄마가 청소를 한 이유는 가족은 서로 도우며 살아야 한다는 것을 딸들에게 직접 보여주기 위해서였다. 이렇게 해서 '왕짜증' 엄마는 딸들이 방을 깨끗하게 청소하도록 만드는 데 성공했다.

아이의 무례한 태도를 내버려 두거나 무시하면 결코 책임감 있고 서로 돕는 아이로 자랄 수 없다. 아이에게 필요한 것은 훌륭한 훈련과 가르침이다.

건강한 환경을 창조하라

아이가 할 수 있는 작은 일부터 시작하면 아이는 잘 따라할 수 있다. 그러나 건강한 환경을 창조할 수 있다는 생각은 더 중요하다. 아무리 기분이 좋아도 청소하는 것은 지루하다. 그러나 만약 어떤 특정한 동기가 있으면 상황은 달라질 수 있다. 먼저 청소를 시작하기 전에 음료수와 과자를 준비해 놓고 아이에게 도와달라고 한다. 이렇게 아이의 기분을 좋게 만들면 청소가 그리 지루하지는 않을 것이다. 청소를 하는 동안 아이가 좋아하는 음악을 틀어 주는 것도 좋은 방법이다.

기억해야 할 것은 집안일을 할 때는 시간제한을 두어야 한다는 것이다. 예를 들어, 청소를 30분에 끝내자고 분명하게 제한을 두어야 한다. 만약 30분이 지났는데도 청소가 끝나지 않으면, 다음번에 하는 것이 좋다. 이렇게 하면 아이는 부모가 자신의 권리와 필요를 충분히 이해하고 존중한다고 느낄 것이다. 결국 아이는 부모의 권리와 필요도 존중하게 될 것이다. 이러한 모습을 보여줌으로써 부모는 아이의 본보기가 되어야 한다.

그런데 많은 사람들이 이렇게 하는 것을 힘들어한다. 그 이유는 행동 관리가 '좋은 것들'을 하지 못하도록 방해하고, 아이와 흥정하는 도구로 사용하게 만들고 있기 때문이다.

"만약 방을 청소하면, 엄마가 스낵을 만들어 줄게."
"방을 청소하지 않으면, 텔레비전은 못 볼 줄 알아."
"30분 동안 열심히 하면 쉬어도 좋아."

부모와 교사들 대부분은 이런 식으로 자연스럽게 흥정을 한다. 흥정은 요즘 교육에서 가장 많은 부분을 차지하고 있는 요소이다. 그런데 이것은 어른과 아이 모두 행복할 수 있는 환경을 창조하는 데 걸림돌이 되고 있다.

| 아이가 원하는 대로 다 들어주어야 할까 |

현재 교육은 아이들이 갖고 싶어하는 것을 다 주라고 권한다. 아이들이 좋은 일을 하면 적절하게 보상해 주는 것이 좋다고 말한다. 반대로 아이들이 잘못하면 혼내야 한다고 말한다. 이것이 아이들을 교육하는 방법이다.

그러면 정말 이러한 방법으로 아이들을 잘 가르칠 수 있을까? 천만의 말씀이다. 교육이란 아이들이 갖고 싶어하는 것을 주는 것이 아니라, 아이들에게 무엇이 필요한지를 다루는 것이다. 아이들이 원하는 것에 초점을 맞출수록, 아이들에게 정말로 필요한 것이 무엇인지 알 수 없게 된다. 예를 들어, 학교에서 사고를 치는 학생은 컴퓨터를 쓸 자격이 없다고 해서 컴퓨터를 사용하지 못하게 하는 경우가 자주 있다. 만약 이렇게 되면, 컴퓨터를 사용하는 것이 동기를 유발할 수 있는 하나의 '특권'이 된다.

문제는 아이들이 필요한 기술을 컴퓨터를 통해 배운다는 점이다. 컴퓨터를 사용하는 것이 특권이 되면, 책을 읽는 것도 특권이 될 수 있다. "네가 계속 수업을 방해하면, 책 읽는 법을 가르쳐주지 않을 테다!"라고 말하는 교사가 있다고 가정해 보자. 말도 안 되는 경우라고 생각하겠지만, 실제로 우리는 이렇게 말도 안 되는 식으로 아이들을 가르치고 있다. 많은 학생들이 현장 실습에 참여하지 못하거나, 여러 가지 비슷한 방식의 처벌을 받고 있다. 잘 아는 바와 같이, 현장 실습은 학교 교육과정에서 아주 중요하다. 실습은 학교에서 배운 것을 실제로 현실에서 적용해 볼 수 있는 기회이다. 아무도 어떤 아이들은 실습할 자격이 있고, 어떤 아이들은 자격이 없다고 말할 수 없다.

부모 또한 이러한 일이 일어나지 않도록 주의해야 한다. 아이들은 중요한 경험을 할 수 있는 기회를 너무 자주 놓친다. 아이들은 스포츠 경기에 참여할 기회나 식구들과 함께 외출할 기회를 놓친다. 시장이나 백화점에서 아이들과 멀리 떨어져서 걸어가면서도 아이들을 꼼짝 못하게 만드는 부모들을 볼 수 있다. 이것은 잘못이다. 아이들은 부모와 함께 있어야 한다. 아이들이 어떤 자격이 있기 때문에 무언가를 해준다는 것은 있을 수 없는 일이다.

3부

기술 가르치기

10장

기술 중심의 교육

어느 부모가 공개 수업을 보러 아이가 다니는 학교에 갔다고 가정해 보자. 교실 뒤에 부모들이 앉아 있다. 교사가 한 아이에게 곱하기 하는 법을 설명해 주었다. 교사가 곱셈의 원리를 설명하고 몇 가지 예를 아이에게 보여주고 난 뒤, 아이에게 3×4가 무엇인지 물었다. 아이가 8이라고 대답하자, 교사는 아이에게 2분 동안 손을 들고 서 있으라고 했다. 2분이 지난 뒤, 교사는 다시 4×5가 무엇인지 아이에게 물어보았다. 아이는 17이라고 대답했고, 다시 2분간 손을 들고 서 있어야 했다. 교사는 한 번 더 기회를 주었다. 그러나 곱셈의 원리를 이해하지 못한 아이는 또 틀린 답을 말했다. 그러자 교사는 자리에 털썩 주저앉았다.

만약 교사가 이런 식으로 가르친다면, 과연 아이가 곱셈을 배울 수 있을까? 물론 배울 수 없다. 곱셈을 배우기는커녕, 수학을 싫어하게 될 것이 분명하다. 우리는 설마 교사가 이렇게 어리석은 방식으로 아이를 가르치지는 않을 거라고 생각한다. 과연 정말로 그럴까? 유감스럽게도 대부분 이런 식으로 아이들을 가르치고 있다. 물론 '행동 관리' 때문이다.

　실제로 어른들이 아이들을 가르치는 방식이 이 교사와 똑같다면 믿을 수 있겠는가? 이러한 사실을 믿을 수 없다면, 어른들이 무례한 행동을 한 아이들을 어떻게 대하는지 살펴보라. 학교에서 무례한 행동을 하는 아이들은 자주 교사와 상담을 하고, 교무실로 불려가고, 벌로 청소를 해야 한다. 어떤 아이들은 반성문을 쓰기도 한다. 또 집에 돌아가서도 부모에게 꾸중을 듣고, 컴퓨터나 게임을 금지당하고, 특별한 시간을 갖기도 한다. 부모도 교사와 똑같은 어리석은 방법으로 아이를 가르치고 있음을 알 수 있다.

　실제로 아이가 곱셈을 이해하지 못해 틀린 답을 말하면, 벌을 세울 것이 아니라 아이에게 다시 곱셈법을 설명해 주고 이해하는지를 확인해야 한다. 벌을 주는 것이 곱셈법을 가르치는 방법이 아닌 것처럼, 벌을 준다고 아이들의 무례한 행동이 친절한 행동으로 바뀌지는 않을 것이다. 우리는 아이에게 곱셈법을 어떻게 가르쳐야 하는지 알고 있다. 아이에게 곱셈하는 방법을 설명해 준 다음, 아이가 이해하지 못한 것을 질문하게 해야 한다. 만약 아이가 한 문제를 제대로 풀었다면, 풀이법을 확실하게 알 수 있도록 몇 문제를 더 내준다. 수학 문제를 잘 풀기 위해서는 복습을 해야 한다. "훈련이 최고의 사람을 만든다"는 속담이 있다. 어떤 기술을 완벽하게 익히려면 같은 일을 여러 번 되풀이해야 한다. 아이에게 제대로 가르쳐주지도 않고 고함치거나 처벌만 한다면 아무런 변화도 일어나지 않을 것이다.

예절 바른 아이로 키우기 원하면서도 이렇게 하지 않는 이유는 행동 관리를 사용하기 때문이다. 행동 관리에는 '훈련' 항목이 없다. 또한 구체적인 지시, 훈련, 교정, 복습 및 재검토 등 교육에 꼭 필요한 기술들이 모두 빠져 있다. 예를 들어 아이들이 무례하게 행동할 때, 행동 관리법을 사용하면 얻을 수 없는 아주 중요한 사실이 한 가지 있다. 그것은 결코 아이를 예절 바른 아이로 바꿀 수 없다는 것이다. 행동 관리법으로 아이를 교육한다고 무례한 아이들이 예절 바른 아이로 바뀌지는 않는다.

행동 관리는 아이가 선택한 결과가 무엇인지 알게 해주면 쉽게 자신의 행동에 책임을 질 것이라고 암시한다. 만약 이것이 사실이라면, 무례한 행동을 했을 때 혼이 나고 꾸지람을 듣고, 좋아하는 것을 못하게 되고, 정학을 당하면 예의 바른 아이로 바뀌어야 한다. 그러나 아이들은 오히려 혼이 나거나 제제를 당해도 "관심 없어!"라든가 "나는 별로 신경 안 써!" 같은 태도를 더욱 강하게 드러낼 뿐이다.

책임 있는 행동

책임 있는 행동을 가르치는 방법은 수학과 읽기를 가르치는 방식과 똑같다. 운전 강사가 운전을 가르치는 방법을 다시 한 번 생각해 보자. 예를 들어, 운전 강사가 평행 주차하는 법을 가르치고 있다고 하자. 배우는 사람은 강사가 지도하는 내용을 한 번에 하나씩 따라해야 한다. 한 가지씩 따라하다 보면 주차하는 법을 전체적으로 알 수 있게 되며, 나중에는 강사의 도움을 받지 않고도 혼자 주차를 할 수 있게 된다.

운동선수를 가르치는 코치들도 이와 똑같은 방식으로 훈련을 한다. 그들도 선수에게 정확한 기술을 가르치기 위해 자세하게 설명한다. 훈련 기간에 코치는 선수의 기술과 기량에 작은 결점이라도 발견하면, 고칠 수 있도록 도와준다. 대개 같은 기술을 훈련 기간 내내 되풀이해서 훈련시킨다.

바른 행동도 이와 똑같은 과정을 되풀이함으로써 배울 수 있다. 다음은 아이들이 배워야 할 바른 행동들이다.

- 예절
- 주의 집중
- 어떤 일을 시작하는 법

- 산만한 곳에서 다시 일을 시작하는 법
- 갈등 예방
- 갈등 해결

우리가 기억해야 할 교육의 다섯째 비법인 '바른 행동은 반드시 가르쳐야 한다' 는 이러한 방법들과 밀접한 관련이 있다.

"다시 하기"

아이를 올바로 교육하고자 할 때 꼭 기억해야 할 것은 아이들이 나쁜 짓을 했을 때, 어른의 태도에 따라 가장 큰 변화가 일어날 수 있다는 사실이다. 아이들을 꾸짖고 벌을 주는 대신, 아이들에게 올바른 행동을 '되풀이해서 시킬 수 있는' 고집이 있어야 한다. 아이들이 잘못된 행동을 고칠 때까지 바른 행동을 되풀이할 수 있도록 가르쳐야 한다. 이렇게 하는 것이 아주 쉬워 보이지만, 행동 관리법에 익숙한 사람들에게는 어렵다. 다음의 예를 살펴보자.

- 아이들이 예의 없이 행동할 때, 다시 한 번 해보라고 말해보라. 다시 하라고 말할 때는 예의 바르게 해야 한다.
- 학생이 복도에서 뛰어다니면, 뛰기 시작한 자리로 돌려보낸 뒤, 다시 걸어오라고 해보라.

● 아이들이 신호등을 보지 않고 길을 건넜을 때, 다시 원래 자리로 데려가 안전하게 건너도록 해보라.

아이가 버릇없는 행동과 말을 했을 때, 내개 부모들은 "만약에 또 한 번 더 그런 식으로 하면, 네 방에서 꼼짝 못할 줄 알아!" 하고 반응했을 것이다. 그러나 '만약 ~한다면 ~할 텐데' 라고 말했을 때 그 결과가 무엇인지 다시 점검해 봐야 한다. 다시 말해, "만약 네가 방에서 나오고 싶지 않다면, 못된 말을 하거나 건방지게 굴어도 좋아, 더 나아가 이 집에서 네가 하고 싶은 대로 해도 좋아"라는 뜻이 된다.

올바른 교육은 이렇듯 선택의 여지를 남겨 놓지 않는다. 그렇게 하는 대신, "우리 집에서는 그런 식으로 하면 안 돼. 다시 한 번 이야기해 봐"고 말해야 한다. 아이에게 한계와 범위를 정해주고, 바른 행동을 할 것을 예의 바른 태도로 요청해야 한다.

아이들이 바른 행동을 몸에 익힐 수 있는 가장 좋은 방법은 포기하지 말고 변함없는 모습으로 밀고 나아가는 것이다. 이때 아이들에게 다른 선택은 할 수 없다고 분명히 말해 주어야 한다. 어른들이 책임자이며, 아이들은 어른들의 지시를 따라야 한다는 것을 분명히 가르쳐야 한다. 여러분의 대화에 어떤 의심이나 틈이 끼어들지 않도록 분명히 할 필요가 있다. 바르게 행동하도록 교육받은 적이 없는 아이는 절대로 올바른 행동을 하지 않을 것이라는 사실을 기억해야 한다.

그런데 이런 노력을 해도 아이가 받아들이지 않을 때는 어떻게 해야 할까? 우선 전달한 지시 사항을 다시 알려주어야 한다. 이번에는 단호한 목소리로 말해서 아이에게 긴장감을 주어야 한다. 이렇게 해도 아이가 꼼짝도 하지 않으면, 아이의 손을 잡고 다시 알려준다. 아이가 제대로 할 수 있도록 하나하나 자세히 가르쳐준다. 물론 모든 경우에 이 방법을 쓸 수는 없다. 특히 사춘기를 겪는 아이에게는 소용없을 수도 있다. 그렇지만 손을 잡고 아이에게 지시하는 것은 그만한 가치가 있다. 만약 그래도 아이가 계속 거절한다면, 적당한 처벌을 해야 한다. 처벌할 이유가 있다는 것을 기억하고 처벌해야 한다. 그러고 나서 다시 아이에게 해야 할 일을 시킨다. 어떤 경우에도 처벌을 하는 것은 맨 마지막 방법이라는 것을 잊어서는 안 된다.

부모와 교사 대부분은 대개 처벌이 끝나면 교육도 끝난다고 믿고 있다. 그러나 진정한 교육은 이때부터다. 처벌이 아이가 책임 있는 행동을 하도록 만들어 주지는 않는다. 아이가 꾸준히 책임 있는 행동을 해야만 그렇게 될 수 있다. 벌을 다 받고 나면, 다시 아이에게 예의 바른 태도로 가르쳐야 한다. 이때 어떤 부분이 잘못되었는지 아이가 알 수 있도록 분명히 말해 주어야 한다.

아이들을 처벌해야 한다고 생각하는 경우는 대부분 실제로 살펴보면 처벌할 필요가 없는 경우가 더 많다. 따라서 아이들을 처벌하는 것이 아니라 아이들의 행동을 바로잡아야 하는 것이다.

진짜 챔피언에게 주는 상

몇몇 아이들만이 바른 행동을 하라는 어른들의 말을 인정하고 받아들인다. 아이들 대부분은 이미 처벌을 받은 것처럼 행동한다. 아이들은 어른들이 하라는 대로 하지 않는 것으로 반항할 수 있다. 그것은 그만한 가치가 있기 때문이다.

그러나 때로는 이렇게 하는 것이 아이들이 할 수 있는 전부일 경우가 많다. 아이들에게 어떻게 마이클 조던이 농구를 잘하게 되었냐고 물어보라. 그는 세계에서 가장 뛰어난 농구 선수였고, 연습을 날마다 할 필요가 없는 것처럼 보였다. 하지만 그가 정말 자신의 실력을 믿고 연습을 하지 않았을까? 타이거 우즈는 왜 날마다 스윙 연습과 퍼팅 연습을 할까? 이승엽 선수는 왜 날마다 배팅 연습을 할까? 타이거 우즈나 이승엽 같은 선수들은 놀랄 만한 실력을 보여주고 있으며, 많은 존경을 받고 있다. 또 그들은 돈을 엄청나게 벌었다. 그들이 최고가 되기 위해 날마다 연습하는 것처럼 우리도 자신의 삶을 열심히 살아간다면 그들처럼 될 수 있을지도 모른다.

아이들이 올바른 태도를 배우고 익히기 위해서는 운동선수처럼 연습이 중요하다는 사실을 깨달아야 한다. 학교에서 아이들은 공동체의 중요성을 배워야 한다. 집에서도 마찬가지이다. 그러므로 아이들에게 이제 스윙 연습을 해야 할 때라고 말해야 한다. 그리고 운동선수 대부분이 부진에 빠지는 때가 있는데, 이때 코치는 결코 선수를 처벌하지 않는다. 이와 마찬가지로 아이들이 잘못을 했을 때 처벌을 하는 것이 아이들을 위하는 것이 아니라는 것을 기억해야 한다. 부진에 빠져 있을 때 연습을 더 열심히 할 수 있도록 배려해야 한다.

| 속도위반 |

만약 아이가 바른 행동을 하도록 타이르는 것보다 벌을 주는 것이 더 효과 있다고 생각한다면, 다음과 같은 상황을 가정해 보라.

지금 당신은 다른 도시에서 열리는 회의에 참석하기 위해 자동차를 운전하고 있는 중이다. 목적지까지는 2시간이 걸리는데, 이제 1시간만 더 가면 도착할 것이다. 그때 백미러에 반짝이는 불이 보였다. 곧 과속을 해서 경찰차가 좇아오고 있다는 사실을 깨달았다. 벌금이 걱정되었다. 한편으로는 어차피 이렇게 된 이상, 제시간에 도착할 수 있게 경찰이 오래 붙들어 두지 않았으면 좋겠다는 생각이 들었다.

경찰이 다가와 "과속하셨습니다!" 하고 말했다. 그런데 경찰은 과속 딱지 대신 "자, 이제 집으로 돌아가 여기까지 규정 속도로 다시 운전해서 오십시오!" 하며 당신이 명령을 제대로 지키는지 확인할 감시 기계를 차에 설치하는 것이 아닌가.

만약 이런 일이 당신에게 일어난다면, 앞으로 운전할 때 규정 속도를 지키지 않을까? 법을 위반했을 때 벌금이나 벌점을 주는 것보다 더 확실한 효과를 거둘 수 있을 것이다. 그러나 현실에서 경찰이 할 수 있는 일은 속도위반 딱지를 떼는 정도로 제한되어 있다. 사실 이런 경우 사람들 대부분은 이 정도의 처벌은 무시하고 곧 바로 속도를 내서 회의 장소로 달려갈 것이다. 아주 바쁘게 사는 사람들에게는 1분이라도 빨리 도착하는 것이 더 중요하기 때문에 속도위반으로 벌금을 내는 것은 일상적인 일이기도 하다.

물론 아이들이 어른들의 감시망을 잘 피하는 것처럼, 당신도 경찰의 감시망을 피하는 방법을 알고 있다. 경찰차가 보이면 얼른 속도를 줄이고, 경찰의 시야에서 벗어났다 생각하면 얼른 속도를 올린다. 슬프게도 이것이 우리의 자화상이다. 세상은 원칙보다 보상과 처벌이 넘쳐 나고 있다.

비밀 신호 보내기

친구 앞에서 아이들은 보통 때와 다른 모습으로 행동하기 쉽다. 아이들은 자신이 이제 어린아이가 아니라는 것을 보여주기 위해 무례하게 행동하거나 어른들의 말을 거절할 수도 있다. 부모들 대부분은 다른 아이들이 있는 앞에서 자신의 아이가 잘못한 행동을 해도 당황해하거나 무안을 당할까 봐 지적하기를 꺼

려한다. 그러나 중요한 것은 아이들의 잘못된 행동을 그냥 보아 넘기지 말아야 한다는 점이다.

이러한 상황에서 부모와 아이 모두 만족할 수 있는 방법은 서로 약속한 신호를 보내는 것이다. 다른 아이들이 눈치 채지 못하게 부모와 아이만이 알 수 있는 몸짓을 하는 것이 좋다. 아이가 부모의 뜻을 이해한다면 그것으로 충분히 목적을 이룬 것이다. 예를 들어, 손가락을 돌리면 "다시 해봐"라는 신호라고 미리 아이에게 이야기해 둔다. 이렇게 비밀 신호를 보내서 아이들이 다른 사람들 앞에서 당황하지 않고 잘못된 행동을 고칠 수 있다.

재미있게 연습하기

처벌을 받을 때 어른들뿐만 아니라 아이들도 아주 심각해진다. 그러나 만약 어려운 일도 즐겁게 할 수 있는 방법이 있으면 훨씬 재미있게 할 수 있다. 훌륭한 교사는 이 원칙을 충분히 이해하고 있다. 또한 아이들이 재미있게 배울 수 있는 방법을 연구하는 데 많은 시간을 보내기도 한다. 아이들이 흥미를 잃지 않고 즐겁게 배울 수 있다면 더할 나위 없이 좋을 것이다. 집에서도 마찬가지이다.

만약 아이가 식당에서 예의 바르게 식사하는 법을 가르치고 싶다면, 아이와 재미있는 놀이를 해보는 것이 좋다. 예를 들어,

부모는 종업원이 되고 아이는 손님이 되어 보는 것이다. 부모는 한쪽 팔에 수건을 들고 손님을 맞이하듯이 아이를 대한다. 아이가 의자에 앉으면 차림표를 보여주고 주문을 받는다. 아마 부모와 아이가 함께 웃을 수 있는 좋은 시간이 될 것이다. 또 백화점에 갔을 때 행동하는 법, 전화를 받는 법 등을 이런 놀이처럼 해 보는 것도 효과가 있다.

11장

타이밍이 중요하다

아이들을 가르칠 때 언제 그리고 어떻게 교육할 것인지를 잘 파악해야 한다. 따라서 이 장에서는 아이를 교육하기에 적당한 때를 발견하는 가장 좋은 방법을 소개하려 한다.

체조 선수가 시합에 나갔다. 코치는 좋은 성적을 내기 위해 도약대를 밟고 뜀틀에 뛰어오르는 어려운 기술을 가르쳤다. 이제 이 선수의 차례가 되자, 코치가 선수에게 말했다. "관중들이 많이 왔네. 심판들이 네가 뛰는 모습을 보고 점수를 매길 텐데, 준비되었지?" "네!" "음, 좋아. 한 가지만 생각해. 오늘은 네가 뜀틀에서 새로운 역사를 쓰는 거다. 알았지?"

이러한 상황에서 체조 선수는 어떻게 반응할까? 아마도 엄청난 스트레스를 받을 것이다. 선수에게 연습을 시키지 않고 시합에 내보내는 코치는 세상에 없다. 코치는 훈련을 하면서 기술을 익혀야 하는 것을 이해하고 있다. 다시 말해, 평소에 꾸준히 기술을 연습해야 시합에 나갔을 때 스트레스를 받지 않는다는 것을 알고 있다. 이것은 아이들의 일상생활에도 똑같이 적용된다. 실제로 기술이 필요할 때를 대비해서 미리 준비해 두어야 한다. 모든 기술은 필요할 때 사용하기 위해 배우는 것이다.

교사는 학생들이 시험을 보기 전에 문제를 많이 풀게 해야 한다. 미리 준비를 해야 시험 당일에 실력을 발휘할 수 있기 때문이다. 음악가는 연주회가 없을 때도 날마다 연습을 해야 한다. 그래야 연주회를 할 때 훌륭한 연주를 할 수 있다.

현재 교육 방법은 모든 것을 경험을 통해 배우라고 말한다. 예를 들어, 아이가 잠자리에 드는 훈련은 실제로 잠자는 시간에 해보라고 한다. 그러나 아마도 그렇게 하면 부모와 아이 모두에게 끔찍한 시간이 될 것이다. 부모뿐만 아니라 아이도 스트레스를 심하게 받을 것이다. 오래지 않아 부모와 아이는 싸우게 될 것이며, 이 시간이 아주 불편해질 것이다.

그렇게 되면 단지 아이가 잠자리에 드는 일에만 영향을 미치는 것이 아니다. 지금 교육 방법은 시장을 볼 때, 아이들에게 장 보는 법을 가르치라고 한다. 식당에서 음식을 먹을 때, 음식 예절을 가르치라고 말한다. 그리고 아이가 한참 싸우고 있을 때,

예절 교육을 하라고 한다. 학교에서는 교사가 바뀌었을 때, 아이에게 변화에 적응하는 법을 가르치라고 한다. 회의 중에 회의 진행하는 방법을 가르치라고 한다. 쉬고 있을 때 쉬는 시간에 하지 말아야 할 행동을 가르치라고 한다. 이렇게 한 결과, 어른과 아이 모두 기진맥진해 있다.

아이들이 좋은 습관을 갖도록 가르칠 때 특별히 기술은 필요 없다. 보통 때 아이들에게 자연스럽게 가르치면 된다. 다시 말해, 아이가 잠자리에 드는 습관은 오후 2시에 가르치는 것이 가장 좋고, 5시에 한 번 더 가르치고, 7시에 다시 떠올리게 해준 뒤, 실제 잠자리에 들 시간인 9시에 잠들도록 해야 한다. 장 보는 방법을 아이에게 가르치기 위해서는 아무것도 사지 않을 때 가르쳐야 한다. 먼저 아이에게 필요한 물건들을 찾아보고 종이에 적게 한다. 그리고 시장에 가서 직접 필요한 물건을 골라 본다. 아이가 시장바구니에 물건을 담아 보도록 하는 것이 좋다. 연습을 다했으면 아이가 고른 물건을 제자리에 갖다 놓도록 시킨다. 이 활동은 서점에서 책 읽는 습관을 붙여 줄 때나, 여러 가지 물건을 같은 종류끼리 나누고, 같은 모양의 물건들을 구별하는 법을 가르칠 때 사용하기도 한다. 이렇게 아이들이 실제로 필요하지 않을 때 가르치는 것이 중요하다. 이것이 교육의 여섯번 째 비법인 "오늘 연습해야 내일 실천할 수 있다"이다.

학생들에게 학교에서 행정 업무를 보는 사람이 일하는 모습을 보여주는 것이 좋다. 점심시간을 이용해 학생들에게 설명해 주면 된다. 예를 들어, 전화 받는 법을 가르쳐 줄 수 있다. 상냥한 목소리로 전화를 받고, 상대방이 묻는 질문에 정확히 대답을 해주고, 메모를 남길 것인지 물어보고, 찾는 사람과 연결해 주는 방법 따위를 설명해 준다. 이제 실제로 학생들이 전화를 받아 보도록 한다. 당황해서 실수를 하더라도 무안을 주지 말고 다시 천천히 설명을 해준다.

운동선수를 가르치는 코치에게서 배울 점이 한 가지 더 있다. 선수가 실제로 시합에 나가서 실력을 발휘해야 할 때, 코치는 선수에게 훈련할 때 중요하다고 강조한 점만을 떠올려 주면 된다. 앞에서 인용한 체조 선수의 코치와는 다른 코치가 있다. 이 코치는 막 경기를 하려는 선수에게 이렇게 말한다. "이제, 네 차례다. 연습할 때 강조한 세 가지 요점 기억하지?" "네, 앞으로 여섯 걸음 뛰어가서 힘차게 구름판 위에서 도약한 다음, 뜀틀을 짚고 공중에서 회전해서 착지를 해야지요?" "그래, 잘 기억하고 있구나. 그럼 행운을 빈다!"

이것이 전부다. 선수가 실제 시합에 나갔을 때 가장 필요한 가르침은 연습할 때 강조한 점을 떠올려 주는 것이다. 부모와 교사들이 실제 상황에서 아이들에게 가르쳐야 할 것도 바로 이것이다. 아이와 함께 마트에 갔을 때 상황을 예로 들어보자.

"엄마가 마트에 갈 때 꼭 지켜야 한다고 말해 준 세 가지 기억하니?"

"네! 뛰지 말 것, 함부로 물건을 만지지 말 것, 투덜대지 말 것. 이렇게 세 가지요."(아이에게 '~하지 마라'가 아니라 부드럽게 말하고 싶으면, '엄마와 아빠 옆에서 함께 걸어갈 것'처럼 긍정적인 표현을 써서 가르쳐도 된다.)

"옳지!"

만약 아이가 아주 어리다면, 아이에게 요점을 되풀이해서 말해 주는 것이 좋다. 그리고 아이가 부모의 말에 동의하기만 하면 된다.

메모를 해라

아이에게 잘 가르쳐주어도 실수를 하는 것이 당연하다. 만약 아이가 실수를 하면, 곧바로 고치려 들지 말아야 한다. 대신에 분명한 한계를 정해 놓고 아이를 대해야 한다. 아이의 행동을 멈추도록 하기 위해 "안 돼!"라고 말한 뒤, 아이가 어떻게 해야 하는지 말해 주어야 한다. 아이가 배운 대로 할 수 있도록 강하게 주장해야 한다. 필요하다면, 아이의 손을 잡고 말하되, 뇌물을 주거나 협박을 해서는 안 된다. 그리고 그 자리에서 아이에게 강의를 해서도 안 된다.

대신에 잊어버리지 않게 종이에 적어 두었다가 적당한 때에 아이에게 다시 설명해 준다. 기록해 놓은 메모지는 냉장고에 붙여 놓거나 잊지 않도록 잘 보이는 곳에 붙여 두는 것이 좋다. 시간이 있다면, 다시 한 번 그 장소에서 연습해 보도록 하라. 이러한 연습은 아무 때나 편한 시간에 언제든지 할 수 있다.

아이를 가르친 효과가 금세 나타날 수도 있고, 혹은 늦게 나타날 수도 있다. 하지만 아이가 살아가는 동안 가르침은 계속 이어질 것이다.

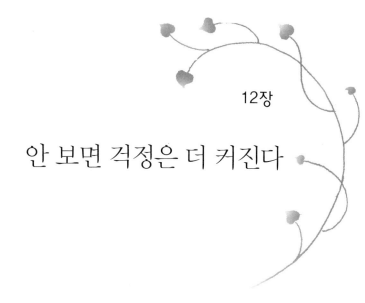

12장

안 보면 걱정은 더 커진다

아이가 부모가 볼 수 없고 또 모르는 곳에 가 있을 때, 부모는 걱정한다. 실제로 아이들은 대개 어른들이 보지 않거나, 손길이 미치지 않는 곳에서 나쁜 행동을 한다. 현재 교육 방법을 생각해 볼 때, 이 같은 사실은 전혀 놀랍지 않다. 이것이 바로 우리의 현실이다.

현재 교육 방법이 아이들에게 어떤 가치를 심어 놓았는지 살펴보도록 하자. 지금 아이들의 머릿속에는 참된 가치가 아니라 자신에게 이득이 되는 가치가 중요하다는 생각이 들어 있다. 그런 까닭에 아이들은 어떤 상황에서 자신에게 이익이 되는 것은 '무엇이든 자연스럽게 이용'한다. 이러한 가치관을 갖고 있는 아이들은 자신이 하고 싶은 것은 꼭 해야 하기 때문에 가능한 누구의 간섭도 받고 싶어하지 않는다.

아이가 책임감과 서로 돕는 마음을 가진 어른으로 자라기를 바란다면 아주 어릴 때부터 자제력을 길러 주어야 한다. 이렇게 하면, 아이는 어른이 없어도 무엇이든 올바로 결정할 것이다.

아이의 행동을 관찰하라

아이의 자제력을 길러 주기 위해서는 아이의 행동을 잘 살펴보아야 한다. 내가 교사로 있을 때 일어난 한 가지 사건을 결코 잊을 수 없다. 이 사건은 내 교육 방식에 큰 변화를 가져다주었다.

하루는 2학년 담임을 맡고 있는 교사와 상의할 일이 있어 2학년 교실로 갔다. 아이들은 조용히 공부를 하고 있었다. 교사는 나와 회의실로 가기 전에 아이들에게 흥미로운 질문을 했다. "내가 없는 동안에 여러분이 어떻게 해야 하는지 알지요?" 그러자 많은 아이들이 손을 들었고, 그중 한 아이가 "자제력입니다" 하고 대답했다. 나는 지금까지 2학년 아이가 '자제력'이라는 말을 하는 것을 본 적이 없기 때문에 내심 놀랐다.

그러나 거기서 끝나지 않았다. 교사는 아이들에게 "자제력이 무슨 의미이지요?" 하고 다시 물었다. 많은 아이들이 다시 손을 들었고, 이번에는 다른 아이가 대답했다. "자제력은 선생님이 우리와 함께 계시지 않아도 선생님이 계신 것처럼 똑같이 행동하는 것입니다." 아이는 자제력의 뜻을 정확히 알고 있었다. 교사와 나는 교실을 나와 복도를 중간쯤 걸어가다가 다시 돌아와 아이들을 살펴보았다. 정말로 아무 일도 일어나지 않았다. 아이들은 교사가 있을 때와 똑같은 모습으로 공부를 계속 하고 있었다.

나중에 나는 이 교사에게 어떻게 아이들을 훈련했는지 물어보았다. 교사는 학기 초부터 아이들에게 자제력을 강조했다고 설명해 주었다. 교사가 있을 때나 없을 때나 배운 대로 행동하도록 격려해 주었다고 한다. 몇 주가 지나자 아이들은 교사가 없어도 어떻게 행동해야 하는지 알게 되었다. 처음에는 교사가 나간 뒤 몇 초 동안, 그 다음에는 조금 더 길게, 그리고 마침내 현재와 같은 모습으로 되었다고 했다. 그리고 아이들이 이러한 모습을 유지할 뿐만 아니라 더 발전시켜 나가고 있다고 말해 주었다. 우선 첫 발을 내딛게 한 후, 아이들이 잘 따라오면 그 다음 단계로 넘어가는 식으로 발전시켜 왔다고 했다.

중요한 차이점

이제 가장 중요한 것을 말해야 할 때가 온 것 같다. 아이들이 문제를 일으킬 때, 이 교사는 아이들에게 아주 다른 태도로 이야기를 했다. 아이들이 싸울 때, 흔히 가장 먼저 "무슨 일이니?" 하고 묻는다. 그 다음에는 "왜 그랬어?" 하고 묻는다. 여기서 "왜?"라고 질문하는 이유는 아이들 중 누가 잘못했는가 하는 정보, 즉 옳고 그름을 판단하기 위해 어른들이 필요한 정보를 알아내기 위한 것이다. 아이들 중 잘못을 하지 않은 아이는 칭찬을 받고, 잘못한 아이는 벌을 받는다. 이것이 바로 행동 관리 방법이다.

그러나 같은 상황에서 이 교사는 아주 다른 방식으로 질문했다. 아이들이 싸웠을 때, 다른 교사들처럼 "무슨 일이니?" 하고 물어본다. 그러나 그 다음에는 "만약 내가 네 옆에 서 있어도 똑같이 할 거니?" 하고 물어본다. 이 질문은 아이에게도 굉장히 이상하게 들린다. 대개 아이들은 "아니오"라고 대답한다. 그러면 이 교사는 "네가 훌륭한 결정을 하는데 왜 내가 네 옆에 있어야 하니?" 하고 다시 묻는다. 이 교사가 한 질문들에는 아이를 교육할 때 잊지 말아야 할 아주 중요한 내용이 담겨 있다. 아이들은 자라면서 어른들의 간섭이나 감독 없이 스스로 옳은 결정을 내려야 한다. 이것이 진정한 의미의 독립이다.

아이의 독립

아이들은 자라면서 자연스럽게 어른들이 없는 시간을 기대한다. 어른들이 어깨 너머로라도 자신들을 지켜보지 않았으면 한다. 독립이란 '자신의 일을 스스로 하는 것'이라고 여기기 때문이다. 그러나 불행히도 많은 부모와 교사들이 현재 교육 방법에 동의하고 있다. 문제는 이 교육 방법이 아이들을 제대로 가르치지 못하고 있다는 점이다.

아이들이 독립할 때, 독립에 대한 균형 잡힌 시각을 갖고 있어야 한다. 진정한 교육이란 개인의 권리와 책임이 균형을 이루며, 자신의 권리와 다른 사람의 권리를 모두 존중해야 한다고 가르치는 것이다. 또한 어른들의 감독 아래에서 독립심이라 표현하는 자신들의 책임감을 보여줄 수 있도록 자연스럽게 기회를 주는 것이다. 이것이 교육의 일곱번 째 비법인 "독립심이란 자신의 일을 자기가 하는 것이 아니라, 올바른 일을 스스로 하는 것"이다.

만약 부모와 교사들이 걱정을 덜 하기를 바란다면, 아이들에게 가르쳐야 할 것들이 있다. 우선 아이들이 올바른 일을 할 수 있도록 아이들과 함께 있어야 한다. 그 다음, 아이들이 스스로 올바른 일을 할 수 있도록 가르쳐야 한다. 다음과 같은 상황에서 무엇을 해야 하는지 알고 있는 아이들은 집에서도 틀림없이 올바른 행동을 할 것이다.

● 부모가 아이들에게 집안일을 부탁하고 외출했을 때

- 친구들이 집에 놀러왔을 때
- 다른 동네에 놀러갔을 때

다음 상황에서 무엇을 해야 하는지 알고 있는 아이들은 학교에서 올바른 행동을 할 것이다.

- 임시 교사가 왔을 때
- 교사가 다른 아이들을 가르치고 있을 때
- 교실에서 교사 없이 자습을 해야 할 때

어려서부터 시작하라

이러한 훈련들은 아이가 아주 어릴 때부터 시작해야 한다. 막 걷기 시작한 아이들은 의사소통을 제대로 할 수 있을 만큼 말을 잘하지 못한다. 그러나 크게 상관없다. 아주 어릴 때부터 아닌 것은 아니라고 가르쳐야 한다. 비록 부모가 잠시라도 함께하지 못할 상황에서도 아닌 것은 아니라고 가르쳐야 한다. 예를 들어, 어떤 물건을 만지지 말라고 가르쳤다면, 부모가 없을 때도 만져서는 안 된다고 가르쳐야 한다. 그리고 부모가 있든 없든 예의 바르게 말을 하며, 늘 적당하게 놀아야 한다. 아이가 부모의 말을 충분히 알아듣게 되면, 날마다 아이와 이야기하는 동안 자제력을 표현할 수 있는 말을 쓰는 것이 좋다. 아이에게 "내가 옆에 없어도 그렇게 해야겠지?" 하고 질문을 던지도록 하라.

아이가 컸을 때도 이렇게 가르쳐야 한다. 아이가 열여섯 살이 되었다고 가정해 보자. 이제 부모가 동의하기만 하면 자유를 만끽할 수 있으며, 자동차도 운전할 수 있다. 부모라면 아이의 안전을 위해 아이가 어디 가는지, 언제 돌아오는지 분명히 해야 한다. 이러한 규칙들은 열여덟 살이 될 때까지 잘 지켜야 한다.

그런데 어느 날 갑자기 아이에게 전화가 왔다. 부모가 설명을 요구하자 아이는 이렇게 대답했다. "저는 열여덟 살이에요. 이제 집에 일일이 보고할 필요가 없잖아요." 실제로 이와 같은 대답은 자신의 경험을 통해 배우도록 가르치는 현재 교육 철학과 일맥상통하는 것이다. 그러나 진정한 교육은 아이에게 이렇게 가르친다. "그래, 나도 네가 열여덟 살이 된 걸 알지. 그렇다고 해서 이제 집에 전화를 안 해도 된다는 뜻은 아니야. 네가 더 어렸을 때 집에 전화해야 하는 이유는 엄마가 너에게 무언가를 말하기 위해서였지. 그러나 이제는 네가 열여덟 살이 되었으니 엄마가 염려하고 있다는 사실을 아니까 전화를 해야 한단다." 이것이 진정한 독립이다.

만약에 이것이 중요하지 않다고 생각한다면, 아이가 열일곱 살이 되어 처음으로 자동차 운전을 한다고 생각해 보라. 부모는 걱정이 되어 아이가 운전할 때마다 같이 타고 가기보다는 아이가 안전하게 운전할 수 있게 되기를 바란다. 아이에게 홀로서는 법을 가르치는 것이 얼마나 중요한지를 말해 주고 있다. 만약 아이에게 홀로서는 법을 가르치지 않는다면, 아이는 운전할 때마다 부모가 함께 타고 가기를 원할 것이다. 혼자 운전하는 것이 두려워 가속 페달과 브레이크 페달을 헷갈려 해서 교통사고를 일으킬 수도 있을 것이다.

어릴 때부터 자제력과 독립심을 길러 주는 것은 아주 중요하다. 아이에게 "네가 훌륭한 결정을 하는데 왜 내가 옆에 있어야 하니?"라는 말을 자주 들려주도록 하라.

4부

선택 사항
관리하기

13장

결정 그리고 또 결정

아이들이 커가면서 스스로 결정을 내려야 하는 경우가 점점 더 많아진다. 따라서 옳은 결정을 하는 법을 배워야 한다. 그러면 아이들이 자신의 일을 결정할 수 있는 때가 언제인지 어떻게 알 수 있을까? 또 아이들이 결정을 내릴 준비가 되었는지 어떻게 알 수 있을까?

이 질문에 대한 가장 좋은 대답은 두 아이의 엄마인 내 직장 동료에게서 찾을 수 있다. 어느 날, 그녀가 아들에게 조건을 제시하고 일을 시키려 하자, 아들이 "신경 안 써!" 하고 대답했다. 그녀는 이렇게 대답했다. "그래 좋아. 비록 네가 신경을 안 쓴다 해도 나는 그렇게 하기로 결정했어. 언젠가 네가 신경을 쓰게 될 때, 그것은 너의 선택이 되겠지."

직장 동료의 말은 아주 정확한 표현이다. 아이들은 아주 어릴 때부터 충동적이며 근시안적이다. 아주 위험한 일이라도 좋으면 하려고 한다. 아이들은 아직 자신이 결정한 것이 얼마나 위험한지 충분히 이해하지 못한다. 이때는 아이들이 결정하게 둘 것이 아니라 어른들이 결정을 해야 한다. 아이들이 차도로 뛰어들거나 성냥을 갖고 논다면, 혹은 아이들이 모르는 사람의 차를 탄다면, 우리는 무슨 일이 일어날지 뻔히 알 수 있다. 또 학교에서 공부를 하는 것이 얼마나 중요한지, 퇴학을 당하면 어떤 일이 일어나는지를 너무나 잘 알고 있다. 그러므로 어른들은 아이들이 스스로 옳은 결정을 할 수 있을 때까지 계속 결정을 해볼 수 있도록 격려해야 한다. 이것이 교육의 여덟번 째 비법인 "자신이 결정한 것은 꼭 실천하게 하라"이다.

아이를 가르칠 때 자기가 결정한 것은 꼭 실천하게 하는 것이 중요하다. 불행히도 부모와 교사 대부분은 행동 관리법을 너무나도 충실하게 배워 왔다. 그래서 아이들이 스스로 결정할 수 있게 하고, 그렇게 경험하면서 책임감을 배울 수 있다고 생각할지 모른다. 그러나 이 같은 생각에 충실하면 할수록 아이들은 점점 더 혼란스러워할 것이다. 아이들은 자신이 할 수 있는 선택과 어른들이 할 수 있는 선택이 무엇인지 배울 수 없을 것이다.

집안일 가르치기

부모는 아이에게 집안일을 하는 방법을 꼭 가르쳐야 한다. 어른들은 아이가 가족과 사회를 위해 의미 있는 할 수 있게 격려해야 한다. 아이가 어릴 때에는 집안일과 책임이 얼마나 중요한지 이해하지 못한다. 따라서 부모가 집안일을 전부 해야 하며, 아이가 컸을 때 시키면 된다고 생각한다.

그러나 아이가 어릴 때부터 집안일을 배워야 한다. 어느 정도 자라면 자신의 방을 청소하면서 정돈하는 법과 장난감이나 학용품 같은 물건을 관리하는 법을 배울 수 있다. 음식을 만들어 보는 것도 좋다. 설거지를 하면서 가족의 건강을 위해 깨끗하게 치우는 것이 중요하다는 것을 배울 수 있다. 부모가 집안일 중 아이가 할 수 있는 일을 하도록 격려해야 한다. 아이에게 용돈을 주어 경제 교육을 하는 것도 아주 중요하다. 아이는 집안일을 배우면서 함께 책임감도 키울 수 있다.

성적과 점수

교사뿐만 아니라 부모도 아이의 성적에 신경을 많이 쓴다. 현재 교육은 성적 평가에 터무니없을 정도로 큰 영향을 미치고 있다. 부모와 교사 대부분은 숙제를 안 해오거나 엉망으로 해오는 학생은 낮은 점수를 받아야 한다고 생각한다. 즉 과제를 평가해서 성적에 반영하는 것이 당연하다고 여긴다.

그러면 성적에 신경을 쓰지 않는 학생들은 이것을 어떻게 생각할까? 그리고 성적과 학업 수행 능력이 앞으로 어떤 영향을 미칠지 이해하기는커녕 생각조차 하지 않는 학생들은 어떻게 대해야 할까?

아이들은 낮은 점수를 받을 것 같으면 성적에 무관심한 듯한 태도를 보인다. 이런 아이들이 할 수 있는 일이란 점수가 어떻게 나오든 신경을 쓰지 않고, 학교에서 등을 돌리는 것뿐이다. 아이들이 신경을 쓰지 않는다면 어른들이 신경을 써야 한다. 아이들이 목표를 세울 수 있을 때까지 부모와 교사가 도와주어야 한다. 이것이 어른들이 할 일이다.

성적이 좋은 아이들의 경우에는 어떻게 해야 할까? 반에서 늘 1등을 하는 아이가 과제를 엉망으로 해서 냈다. 현재 교육 방식으로 가르치는 교사는 "만약 네가 숙제를 제대로 하지 않으면, 낙제 점수를 줄 거야. 그러니까 다시 숙제를 해와. 이번에 제대로 해오면 낙제는 면할 수 있을 거야"라고 말할 것이다. 이전에 살펴본 바대로, 이것은 "만약 네가 낙제 점수를 받아도 좋다면, 내가 말하는 것을 무시해도 좋고, 숙제를 안 해도 좋다"라는 뜻이 된다. 이런 경우 아이는 교사의 기대와는 달리 자신이 좋아하는 방식을 선택할 가능성이 높다. 부모는 성적표를 받고 나서야 아이의 성적이 안 좋은 이유를 알게 될 것이다.

그러면 아이는 왜 이런 선택을 하게 된 것일까? 아이의 선택은 그동안 어떤 교육을 받아 왔는가에 따라 달라질 수 있다. 실제로는 교육 방식에서 이미 시작되었다고 보아야 한다. 아이가 숙제를 제대로 해오지 않았기 때문에 교사는 결정권을 아이에게 주었다. 아이가 숙제를 엉망으로 해왔을 때, 교사는 이렇게 말해야 한다. "숙제를 제대로 하지 않았더구나. 이 숙제는 받을 수 없으니, 다시 가지고 가서 해오너라. 네가 숙제를 다시 해올 때까지 성적을 매기지 않겠다."

성적은 행동 전문가들이 말하는 보상과 처벌로 대체해서는 안 된다. 성적은 배우고 있는 내용, 개념, 분석적인 지식들을 잘 사용하고 있는지, 통찰력을 제대로 개발하고 있는지, 학교 공부를 잘 따라하고 있는지 등 아이의 학습 능력과 이해력을 알아보기 위한 평가 방법 중 한 가지이다. 이것은 우리가 '기본으로 다시 돌아가야 할 때' 기본을 알게 해주는 하나의 방법이다.

예절

아이들에게 예절은 지켜도 되고 안 지켜도 되는 선택 사항처럼 보이기 쉽다. 이제 어른들도 예절을 이렇게 이해하고 있는 것 같다. 아이들이 예절을 지키면 좋고, 지키지 않아도 크게 문제가 되지 않는다고 생각한다. 어떤 사람들은 예절을 따지는 것이야 말로 케케묵은 발상이라고 생각하기도 한다. 옛날에는 예절이 중요했는지 모르지만, 21세기를 살아가는 사람들에게는 거의 필요하지 않다고 생각하는 듯하다. 어쨌든 요즘 아이들에게 예절 교육을 하는 것은 여간 힘든 일이 아니다. 그래서인지 어른들은 아이들에게 예절 교육을 시키지 않는다.

아주 중요한 어떤 것을 깎아내리거나 업신여기는 것은 큰 불행이다. 예절은 상대방을 기분 좋게 만드는 '특별함' 그 이상이다. 예절은 사람들이 서로 도울 수 있도록 하는 토대이기 때문이다. 정중한 말과 행동은 의미가 크다. 정중하고 예의 바르게 말하고 행동하면 다른 사람들의 필요와 권리를 기꺼이 배려할 수 있다. 이것은 예절이 협동의 중요한 부분일 뿐만 아니라, 책임감에도 영향을 미친다는 사실을 일깨워 준다. 예절은 선택해도 되고 안 해도 되는 '부수적인' 것이 아니라, 어른들이 아이들에게 꼭 가르쳐야 하는 것이다. 어른들이 할 일은 예절이 일상생활에서 아주 중요하며, 예의 바른 사람이 되어야 한다는 것을 아이들에게 가르치는 것이다. 어른들은 이런 태도를 선택해야 한다.

감정 기복이 심한 아이 다루기

인생은 탄탄대로가 아니다. 인생길에는 웅덩이도 있고, 울퉁

불퉁한 곳도 있다. 특히 십대의 길은 평탄하지 않다. 아이들이 십대가 되면 호르몬이 변화하면서 감정의 기복이 심해진다. 싸움도 하고, 경쟁의식도 강해진다. 아이 때문에 힘들 때, 부모가 꼭 기억해야 할 것은 아이가 숙제, 집안일, 성적 등 날마다 일어나는 일에 그다지 신경을 쓰지 않을 가능성이 높다는 사실이다. 아이 때문에 기분이 나쁘면, 그렇게 기분 나빠해서는 안 된다고 스스로 되뇌어야 할 것이다. 그렇다고 아이를 마구 대하거나 어린애 취급해서는 절대 안 된다. 아이가 버릇없이 행동할 때 바르게 가르치는 것이 바로 어른들의 임무다. 어른들은 결정하는 것을 피하지 말아야 한다.

| 누가 기준을 정하는가 |

6학년 아이들에게 동기부여 및 효과적인 의사 결정을 가르치고 개발하는 데 많은 관심이 있는 교사가 있다. 그는 아이들에게 시험에서 자신이 희망하는 성적을 미리 정해 놓고 공부해 보라는 과제를 내주었다. 만약 아이들이 과제를 잘 마치면 자신이 원하는 점수를 받게 될 것이다. 아이들 대부분은 자신이 목표로 삼은 성적을 올리기 위해 열심히 공부했다.

그러나 그중 한 아이가 교사를 당황스럽게 만들었다. 평소 반에서 1등을 도맡아하는 아이가 목표 점수를 60점으로 정했고, 시험을 본 결과 그 점수를 받았다. 아이의 부모는 항상 만점을 받던 아이가 갑자기 변하자 소스라치게 놀랐다. 교사와 면담을 했지만 부모는 마음이 놓이지 않아 교장을 찾아가기도 했다. 교사와 부모는 이 아이가 가장 낮은 점수를 적어 냈다는 것만 다시 확인했을 뿐, 아무런 답을 찾지 못했다.

그러나 부모는 아주 다른 관점을 갖고 있었다. 그들은 교사가 아이의 잠재력을 일깨울 수 있는 철학을 갖고 있어야 한다고 생각했다. 이번 사건은 바로 이 철학 문제와 관련이 있다고 여겼다. 아이의 결정은 사실 아이가 내린 결정이 아니다! 만점을 맞았던 아이는 만점을 받기 위해 노력을 해야 하는 것이 당연하다.

14장

서로를 묶어 주는 관계

다른 교육 방법들보다 훨씬 잘 통하는 교육 방법이 있다. 대개 성공적인 교육 방법에서는 일관성, 타이밍, 아이의 기질 등을 다루고 있다. 그러나 이보다 훨씬 더 중요한 한 가지 요소는 바로 '관계(Relationship)' 이다.

관계

아이가 맺고 있는 모든 관계는 교육의 결과를 결정하는 가장 중요한 요소이다. 어떤 관계를 맺고 있는가에 따라 아이는 다른 반응을 보인다. 어른들과 관계가 좋지 않은 아이는 교육을 자신이 하고 싶은 것을 못하게 하거나 어른들 마음대로 하기 위한 수단으로 이해하는 경향이 있다. 일단 아이가 이렇게 생각하기 시작하면, 어른들이 자신을 마음대로 하기 위해 불합리한 규칙과 요구 조항들을 만든다고 여겨, 어른들을 이해하려 들지 않는다. 그 결과, 자신을 지나치게 통제하려는 어른들에게 거세게 반항한다.

반대로 좋은 관계를 맺고 있는 아이는 어른들이 자신을 사랑해서 훈계하는 것이라고 이해하고 받아들인다. 또 규칙은 어른들이 자신을 마음대로 하기 위해서가 아니라 안전하게 보살피기 위해서 만든 것이라고 이해한다. 또한 돌봐 주는 어른들이 화를 내거나 이성을 잃더라도 어른들이 무엇을 잘못했는지 알 수 있다. 또한 어른들은 화를 내도 곧 풀리며, 잠깐 이성을 잃은 모습을 보인 것을 나중에 후회할 것이라는 사실도 알고 있다(어른들도 이러한 잘못을 저지르면 사과를 해야 한다).

긍정적인 관계는 진정한 교육의 아홉번 째 비번으로 아주 중요한 항목이다. 다시 말해, "아이는 손이 아니라 가슴으로 키우는 것이다." 진심에서 우러나오는 교육은 아이에게 가장 좋은 영향을 준다. 왜냐하면 마음에서 우러나와야 자연스럽고, 강력하며, 감동스런 결과를 가져다주기 때문이다.

어린아이들은 부모와 교사들을 기쁘게 해주고 싶어한다. 아이들은 관심을 받고 싶어하고 표현을 해주길 바란다. 동시에 아이들은 자신을 돌봐 주는 사람들을 기분 나쁘게 하지 않으려고 노력하며, 때로는 깜짝 놀랄 만한 자기 통제력을 보여주기도 한다. 만약 아이가 사랑하는 어떤 사람이 아이를 크게 실망하게 만들었다면, 이것보다 더 큰 벌과 상처는 없을 것이다. 아이가 이런 상처를 받으면, 대부분은 혼자 있고 싶어할 것이다. 상처받은 아이에게 올바른 메시지를 전달할 수 있는 방법은 그다지 많지 않다.

아이와 좋은 관계를 맺기 위해서는 시간과 관심, 이해, 애정이 절대로 필요하다. 아이와 건강한 관계를 맺기를 원한다면, 긍정적인 교육 방법으로 관계를 맺고 보호해야 한다. 다음은 긍정적인 관계를 위해 도움이 되는 항목들이다.

첫째, 긍정적인 것에 관심을 갖는다. 만약 자신의 가장 친한 친구가 험담을 하고 돌아다닌다면 기분이 어떻겠는가? 아마도 다른 친구들이 오해를 해서 사이가 나빠질 것이다. 진정한 친구라면 이런 식으로 행동하지 않을 것이다. 친구라면 친구의 좋은 점에 더 많은 관심을 갖고, 혹시 잘못을 했을 때에도 이해하려고 노력한다.

이런 면에서는 아이들도 어른들과 다르지 않다. 아이들도 어른들이 이렇게 대해 주기를 원한다. 그러나 불행히도 현재 교육은 많은 어른들로 하여금 아이들의 잘못된 점에만 관심을 갖도록 하고 있다. 다시 말해, 이러한 교육 방법의 중심 주제는 아이들의 문제가 무엇이며, 나쁜 행동을 언제 시작하는지, 무엇이 잘못되었는지에 집중되어 있다. 어른들은 많은 경우 자기 아이의 행동을 못마땅해한다. 이른바 문제아 혹은 다루기 힘든 아이와 소통하기 위해 수많은 교사들이 '의사소통에 대한 책'들을 보고 있다. 이러한 책들은 이른바 문제아를 둔 부모들에게 추천되기도 한다.

의사소통이 제대로 이루어지지 않으면 어른들과 아이들의 관계는 아주 나빠진다. 아이들의 행동이 그렇게 심각하지 않다면, 단순하게 대하는 대신 잘 돌봐 주어야 한다. "다른 사람의 장점을 말하지 않으려면 침묵하라"는 속담이 있다. 이 속담은 아직도 진리이다.

둘째, 과거를 청산하고 새롭게 출발하는 것이다. 시대에 상관없이 사람들의 입에 오르내리는 유명한 속담이 있다. 바로 "지나간 과거를 청산하고 새롭게 출발하라"이다. 과거의 잘못을 기억하기 좋아하는 사람은 없다. 그 누구도 과거로 돌아가 자신의 잘못을 되돌릴 수 없다. 그러나 중요한 것은 현재와 미래는 자신의 의지에 달려 있다는 사실이다.

아이들도 과거의 잘못을 되돌릴 수 없다고 느낀다. 모든 사람은 이러한 사실을 잘 알고 있다. 앞에서 말한, '의사소통에 대한 책'을 갖고 있는 부모와 교사들도 알고 있다. 작년 1월부터 지금까지 자신이 잘못한 것을 모두 적어 놓은 책이 집으로 배달되었다고 생각해 보라. 너무 끔찍한 일이 아닌가. 과거라는 무거운 짐 가방을 들고 다니지 않아도 인생은 힘든 것이다. 아이들이 과거에 매이지 않고 날마다 새롭게 시작할 수 있도록 도와주어야 한다. 과거를 깨끗하게 정리하고 새롭게 출발하도록 도와주어야 한다. 어제 무슨 잘못을 했는지 토론하기보다 오늘을 어떻게 보낼 것인지 함께 이야기를 나누는 것이 더 중요하다. 아이들이 성공을 위해 어떻게 해야 할지 함께 계획하는 것은 아주 중요한 일이다.

셋째, 훈계를 할 때 절대 뒤로 물러서지 말아야 한다. 언제가 나는 열두 살 된 소년에게 새어머니가 그를 어떻게 생각하는지 말해 보라고 한 적이 있다. 소년은 새어머니가 자신을 사랑하고 있다고 아주 자신 있게 대답했다. 어떻게 그것을 확신할 수 있는지 묻자, 그는 "내가 해야만 하는 일을 새어머니가 꼭 하도록 시키거든요" 하고 대답했다.

훈계는 아이들에게 고맙다는 말을 듣기 위해 하는 것이 아니다. 어떤 제한이나 규칙에 따르고 싶어하는 아이들은 거의 없다. 올바른 행동인 줄 알면서도 아이들은 하고 싶어하지 않는다. 하지만 아이들은 분명히 어른들의 훈계가 꼭 필요하다는 것을 이해한다. 아이들과 함께 이야기하고, 무엇인가 연습하고, 함께 씨름하는 시간은 분명히 가치가 있다. 아이들은 어른들이 보이는 이러한 정성과 가르침이 자신을 잘 가르치기 위해서라는 것을 안다.

아이들에게 아무것도 요구하지 않는 부모들도 있다. 무언가 요구하는 것을 아이들이 싫어할까 봐 두려워하기까지 한다. 부모의 이런 느낌을 아이들이 알게 되면, 자신이 원하는 것을 갖고 싶을 때 이것을 무기로 사용하는 경향을 보인다. 예를 들어, "아빠는 나를 사랑하지 않잖아요!", "어떤 부모가 자식들에게 그렇게 해요. 아빠, 미워!" 하는 말들이다. 만약 부모가 별거 중이거나 이혼을 한 가정의 아이라면, "나는 엄마(아빠)한테 가서 살 거예요!" 하고 자주 이야기한다.

아이들이 이런 말을 한다고 걱정할 필요는 없다. 교육은 인기로 등수를 가리는 경연 대회가 아니다. 교육은 아이들이 부모와 교사를 좋아하도록 만들기 위해서 하는 것이 아니다. 교육은 부모가 자신의 아이를 사랑하기 때문에 하는 것이다. 어떤 면에서 아이가 미워하는 것은 부모가 아니다. 실제로 아이가 미워하는 것은 부모가 아이에게 요구하는 제한 사항과 규칙이다. 너무나 많은 부모들이 이를 혼동하기 때문에 아이를 교육하는 것을 두려워한다.

좀더 깊이 있게 들여다보면, 아이들은 부모가 자신들을 가르치기 위해 많은 시간을 들이고 있다는 사실을 알고 있다. 아이들은 어른들이 제한과 규칙을 적용할 때 불안해하는 게 아니라, 반대로 그들에게 제한과 규칙을 적용하지 않을 때 불안해한다. 부모가 아무런 규칙이나 요구를 하지 않으면 아이들은 불안해하고 염려하고 안정을 잃어버린다. 그러므로 절대로 교육을 포기해서는 안 된다.

넷째, 아이들에게 마음의 선물을 준다. 아이들도 어른들과 마찬가지로 힘들 때가 있다. 아이들이 힘들어할 때는 학교 숙제나 집에서 맡은 일을 하기 싫어한다. 숙제를 끝내지 못하기도 한다. 이럴 때, 눈감아 주지 말고 숙제를 마칠 수 있도록 도와주어야 한다. 아이들은 힘든 숙제를 부모가 도와주는 것을 기쁘고 고맙게 여길 것이다. 또 치우기로 한 쓰레기를 부모가 대신 치운 뒤 "쓰레기를 정리했더니 깨끗하네. 오늘도 재미있게 지내렴!" 하고 적힌 메모를 본다고 생각해 보자. 힘든 시간을 보낼 때는 이처럼 작은 일도 큰 도움이 된다. 사람들은 모두 때때로 기분 전환이 필요하다.

아이들의 사기를 북돋워 주는 것은 아주 중요하다. 그러나 아이들과 거래를 하거나 흥정해서는 안 된다는 것을 기억해야 한다. 그리고 아이들을 독촉하지 말아야 한다. 왜냐하면 그것은 아이들의 일이기 때문이다. 아이들에게 용기를 주는 것은 아이들을 위한 마음의 선물이다.

다섯째, 방법을 제시하며 이끌어 주어야 한다. 아이들은 어른들의 말을 듣고 배우기보다는 행동을 보면서 더 많은 것을 배운다. 우리 아이들이 다른 사람들에게 보여주었으면 하는 모습이나 태도를 우리가 직접 아이들에게 보여주는 것은 아주 중요하다. 만약 아이와 아주 좋은 관계를 맺고 있다면, 아이는 다른 사람들의 필요와 권리를 존중하는 모습을 보일 것이다. 이것은 아이의 삶에 아주 긍정적으로 작용할 것이다. 아이를 가르칠 때 용기가 있어야 한다. 아이의 관점이 무엇인지 잘 들어주고, 아이를 믿고 있다는 것을 보여주어야 한다.

무엇보다도 아이를 가르칠 때, 아이가 무안해하거나 비참한 느낌을 받지 않도록 주의해야 한다. 아마도 부모 대부분은 아이를 비참하게 만든 일이 결코 없었다고 반응할지도 모른다. 그러나 불행하게도 우리가 생각하는 것보다 훨씬 자주 아이들을 비참하게 만드는 경향이 있다. 교사인 경우, 반 아이들이 모두 보는 가운데에 얼마나 자주 무안을 주는지 생각해 보라.

또 다른 예를 들어 보자. 많은 부모들이 아침에 아이들이 학교에 지각하지 않도록 하기 위해 씨름을 하곤 한다. 어떤 부모들은 옷을 다 입지도 않은 아이를 태워 학교에 간다. 이렇게 하면 다시는 늦게 일어나지 않거나 학교에 늦지 않을 거라고 생각하기 때문이다. 그러나 이것은 올바른 방법이 아니다. 천천히 시간을 갖고 아이들이 스스로 할 수 있을 때까지 가르쳐야 한다. 마찬가지로 아이들이 다른 사람을 존중하도록 가르치는 유일한 방법은 어른들이 아이들을 먼저 존중해 주는 것밖에는 없다.

10장에서 이야기한, 친구들 앞에서 아이의 행동을 바로잡기 위해 사용한 "다시 하기" 방법을 떠올려 보자. 이런 방법들을 사용하면, 부모의 교육과 아이의 관계가 나빠져 서로 당황하는 일을 방지할 수 있을 것이다. 이것은 아이의 머리 모양이나 귀걸이 등 전체적인 옷매무새에 관해 부모의 말을 잘 따르도록 해야 하는 이유이기도 하다. 만약 아이의 친구들 앞에서 자신의 아이를 당황하게 만들지 않는다면, 아이도 부모의 친구들 앞에서 부모를 당황하게 만들지 않을 것이다. 교육은 서로 주고받는 것이다. 아이를 기르는 것은 개인의 권리와 자유의 문제가 아니다. 이것은 다른 사람들의 감정을 존중하는 문제이다. 만약 이런 식으로 아이를 교육하지 않는다면, 아이는 다른 사람들의 필요를 헤아리는 법을 결코 배우지 못할 것이다.

여섯째, 아이를 거절하지 말고 아이의 잘못된 행동을 거절해야 한다. 거절하는 것만큼 아이에게 상처를 주는 것은 없다. 불행히도 우리가 사용하는 교육 방법들 가운데 아이의 감정을 다치게 하는 것이 있다. 아이가 잘못했을 때, "네 방에 들어가 있어!" 하고 혼자 있게 내버려 두는 것은 종종 아이에게 깊은 상처를 준다. 부모가 자신을 원하지 않는다고 느끼기 때문이다. 아이에게 이런 느낌을 주지 않는 것이 정말 중요하다. 어른들이 탐탁지 않은 것은 사실 아이의 행동이지 아이 자신이 아니라는 것을 분명히 해야 한다. 아이의 잘못된 행동은 환영받지 못하지만 올바른 행동은 언제든지 환영받는다는 사실을 아이가 이해하도록 도와줄 것이다. "너는 나쁜 아이야!"라는 말은 절대로 해서는 안 된다. 실제로 나쁜 행동과 나쁜 아이는 본질적으로 다르기 때문이다.

일곱째, 기준을 정해 놓아야 한다. 아이가 행복하고 성공한 삶을 살기를 원한다면, 부모와 교사는 분명한 기준을 정해 놓아야 한다. 많은 부모들은 아이가 원하는 것을 마냥 받아 주는 경향이 있다. 부모의 이런 태도는 마치 아이가 자라는 데 큰 브레이크를 달아 놓는 것과 같다. 사춘기 아이들이 성숙하지 못한 행동을 하는 이유가 바로 이 때문이다.

성공하고 노력을 인정받는 아이들에게 이러한 기준은 아주 본질적인 부분이다. 또한 기준을 정하는 것은 어른들과 아이들의 관계에 아주 중요한 영향을 미친다. 어른들이 아이들에게 합리적인 기준을 정해 주는 것은 아이들을 믿고, 그들의 능력을 인정해 준다는 분명한 메시지를 전달해 준다. 다시 말해, "너는 이러한 기준을 충분히 따라할 수 있어. 그리고 너는 영리한 아이야"라고 말하는 것이기도 하다. 이것은 아이들을 진심으로 사랑한다는 메시지이다.

15장

자아 존중과 자기 탐닉

경계하라! '자기가 우주의 중심이라고 여기는 증후군(Centre of Universe Syndrome)'이 요즈음 다시 나타나고 있다. 많은 아이들이 세상이 자신의 권리와 필요를 중심으로 돌아간다는 태도를 발전시켜 나가고 있다. 이러한 태도는 아이들의 응석을 무조건 받아 줄 때 더욱 강화되는 법이다. 우리는 아이들에게 자꾸 무언가를 주어야 한다고 생각한다. 그래서 주고 또 주지만, 반면에 아무것도 아이들에게 요구하지 않는다. 그 결과, 버릇없는 개구쟁이들이 많은 세대를 맞이하게 되었다. 이 역시 현재 교육 방법의 공로라 할 수 있다.

문제는 자신이 세상의 중심이라고 여기는 아이들이 보상과 좋은 결과를 얻기 위해 노력하는 과정에서 이런 현상이 더 심해진다는 사실이다. 부모와 교사들은 아이들에게 순종의 가치를 가르치고 싶어한다. 그래서 점점 더 아이들과 큰 거래를 하게 되며, 거래에서 실패하면 그만큼 심하게 혼을 낸다. 물론 아이들도 이렇게 어른들이 씨름하는 것을 즐기면서 더 행복해할 것이다.

아주 오랫동안 행동 전문가들은 이런 경향을 적극 옹호해 왔다. 그들은 아동 발달의 가장 기본적인 견해, 특히 동기 이론을 주장하며 우리의 신념과 가치 체계를 바꾸어 놓았다. 또한 자존심(self-esteem) 개념과 칭찬에 대한 이해에 아주 큰 변화가 일어났다. 이러한 내용을 좀더 깊이 살펴보도록 하자.

동기

현재 교육 방법은 아이들의 동기(Motivation)를 불러일으키기 위해 특정한 방법들을 사용해야 한다는 행동이론을 근거로 한다. 동기부여를 위해 사용하는 것이 바로 보상과 처벌이며, 결과 중심의 접근 방식이다. 전문가들이 좋아하는 이론에서는 아이들의 자발성을 강조한다. 즉 아이들이 스스로 하고 싶은 마음이 없다면 학교 수업, 허드렛일, 책임감 등에서 좋은 결과를 기대할 수 없다고 주장한다. 어떤 전문가들은 한 술 더 떠서 아이들이 원하지 않는 것을 시켜서는 안 된다고 제안한다.

그러나 이러한 주장은 말도 안 된다. 아이들이 하기 싫은 일도 할 수 있도록 가르치는 것이 교육의 가장 중요한 역할 중 하나이다. 아이들은 규칙을 따르기 원치 않는다. 아이들은 식사 시간을 기다리려고 하지 않는다. 아무 때나 먹고 싶으면 먹어야 하는 것처럼 행동한다. 숙제는 잘 때까지 하지 않고 미루기를 좋아한다. 이것이 아이들이 생각하는 방식이다. 교육이 필요한 이유는 아이들이 마음대로 하고 싶은 욕심을 억제하는 법과 권위에 순종할 수 있는 방법을 가르치기 위해서다.

앞에서 예로 든 '운전'을 다시 한번 생각해 보자. 지금 아주 중요한 회의에 참석하기 위해 자동차를 운전해서 가고 있다. 회의 시작 시간에 조금 늦을 것 같아 마음이 급한데 교차로 신호가 막 빨간색으로 바뀌었다. 정말로 이 순간에 가장 원하는 것은 무엇일까? 두말할 필요 없이 할 수만 있다면 신호등을 초록색으로 바꾸어 놓고 싶을 것이다. 그러나 교차로에 서서 신호가 바뀔 때까지 기다려야 한다. 우리가 이렇게 규칙을 지키는 것은 교육받았기 때문이며, 교통신호를 어기면 큰 사고가 일어날 수 있다는 것을 알기 때문이다. 개인의 생각과 욕심이 어떻든지 간에 모든 사람들은 규칙을 따르도록 배웠을 것이다. 이것이 바로 참된 교육의 목적이다.

현재 교육 방법들은 동기를 아주 잘못 이해하고 있다. 위험하게도 아이들에게 부정적인 태도를 권장하고 있다. 또한 부모에게 아이들이 관심이 있고 재미있어하는 것만 시키면 된다는 신념을 심어 주고 있다. 학교에서도 마찬가지이다. 아이들이 수업을 지루해하는 것이 교사의 책임이라고 생각한다. 교사는 수업도 재미있게 해야 한다는 생각을 부모들에게 심어 주고 있는 것이다. 또한 아이들이 집안일을 돕는 것을 싫어하면, 억지로 시킬 것이 아니라 돈을 주고 다른 사람을 시키면 된다고 주장한다. 그 결과, 아이들은 "왜 제가 그걸 해야 되요? 제가 그 일을 하면 무슨 이익이 있어요? 별로 하고 싶지 않은데요"라는 식으로 답변한다. 많은 부모와 교사들이 이러한 대답을 당연하다고 여긴다.

진정한 교육은 동기에 의존하지 않는다

동기는 중요하다. 그러나 진정한 교육은 동기에 의존하지 않는다. 대신에 아이들에게 재미없는 일을 잘 해낼 수 있는 기술과 방법을 가르쳐준다. 혹시 재미없고 힘든 일들을 즐겁게 할 수 있도록 만드는 능력이 있다면, 그렇게 만들도록 하라. 그러나 실제로 아이들은 거의 망설이지 않고 재미없고 힘든 일을 한다. 생각보다 아이들은 훨씬 잘 적응한다. 그러므로 돈을 주고 힘들고 재미없는 일을 시키고 싶은 유혹에 넘어가서는 안 된다. 왜냐하면 아이들이 돈을 받고 일을 하기 시작하면 많은 문제들이 생기기 때문이다. 대신에 시간을 정해 놓고 시간 안에 일을 끝낸다거나,

다른 아이들보다 그 일을 잘할 수 있도록 만드는 것이 더 중요하다. 아이가 일을 끝마치면 특별한 대우를 해주는 것도 좋다. 그러나 대우를 해줄 경우, 뇌물과 자극의 차이를 분명히 해야 할 필요가 있다.

또한 아이들에게 지루한 일들을 잘 마칠 수 있는 방법을 가르쳐야 한다. 행동 전문가 폴린 손톤(Pauline Thornton)은 이것을 "인내의 훈련"이라고 표현했다. 폴린 손톤은 학생들에게 "비록 네가 싫어하는 일이라도 무언가를 하기 위해서는 스스로 강요해야 한다"고 말하면서 이에 대한 설명을 덧붙였다. 그녀는 학생들에게 "인내의 훈련"을 통해 싫어하는 일을 해낼 수 있는 기술을 가르쳤으며, 싫증나는 일을 하는 과제를 내주기도 했다. 만약 이 경우가 특이한 이야기로 들린다면, 아마 이렇게 하는 사람이 요즘에는 별로 없기 때문일 것이다. 또는 이렇게 해야 할 필요가 없기 때문인지도 모른다.

보상

나는 이 책에서 보상을 잘못 사용하기 때문에 문제가 생긴다고 설명했다. '잘못 사용'한다는 말은 아주 결정적이고 비판적인 말이다. 실제로 보상은 제대로 해야 하고, 잘 사용한다면 아주 유용하다. 교육에서 보상이 부차적이 될 때, 즉 결과가 아닌

덤이 되면 보상은 분명히 중요한 요소가 될 것이다. 아이들을 가르칠 때 보상과 결과를 제대로 사용하면 최고의 효과를 거둘 수 있다는 사실을 기억해야 한다. 즉 보상과 결과가 교육의 중요한 요소가 되면 안 된다. 보상을 올바로 사용하면 아주 긍정적이고 좋은 결실을 맺을 것이다. 모든 사람에게 감사의 표시나 자극이 될 만한 격려는 필요한 법이다.

어린아이에게는 부모와의 관계가 가장 큰 보상이라는 사실을 기억해야만 한다(부모가 실망하는 모습은 어린아이들에게 가장 큰 벌이 될 것이다). 아이들과 될 수 있는 한 많은 시간을 보내야 한다. 아이들의 활동과 놀이에 관심을 보여야 한다. 그리고 늘 진실한 모습으로 아이들을 대해야 한다. 만약 스티커나 물건으로 보상을 하고 싶다면, 아주 특별한 방식으로 사용해야 한다. 예를 들어, '함께 나눌 수 있는 보상'이 얼마나 놀라운 것인지 생각해 보아야 한다. 아이에게 스티커 한 장을 주는 대신 세 장을 준다. 세 장 중 한 장은 자기를 위해서 그리고 두 장은 친구나 동생 혹은 반 아이들에게 줄 수 있도록 배려함으로써 보상을 가르치는 것도 좋은 방법이다. 그 밖에도 쿠키, 상장, 특별한 놀이도 좋다. 나이가 든 아이들에게는 친구들을 초대해서 피자를 사주는 것도 좋다. 가능하다면 보상은 다른 사람들과 함께 나누는 방식이 효과 있다. 보상의 긍정적이 효과가 얼마나 큰지는 직접 해보면 알 수 있다.

보상을 함께 나눌 때, 다른 아이들이 시기하거나 샘내는 것에 대해서는 그리 염려하지 않아도 된다. 이렇게 하면 보상받기 위해 일을 하는 아이들이 없어질 것이며, 보상받기 위해 자신을 희생하는 터무니없는 일도 일어나지 않을 것이며, 열심히 노력하는 다른 아이를 반대하거나 시기하는 일이 없어질 것이기 때문이다. 대신에 아이들은 다른 친구들에게 "이 일 좀 도와줄래? 함께 일하지 않을래?" 하고 말할 것이다. 보상을 함께 나누면 우정이 더욱 깊어 진다. 한 아이가 다른 아이에게 무언가를 받으면, 서로 무언가를 주고 싶어하고, 함께 놀고 일하는 아름다운 관계가 되기도 한다.

뇌물과 자극제

아이들을 격려할 때 행동 자극제(Incentives)는 괜찮고 뇌물은 안 된다고 한다. 그렇다면 과연 자극제와 뇌물의 차이는 무엇이며 이 둘은 어떻게 다를까? 이해를 돕기 위해 집안 청소를 예로 들어 보자. 집안 청소를 하기 위해 딸아이에게 8,000원을 주기로 했다. 만약 딸아이가 돈을 주지 않아도 청소를 하면 그것은 자극제가 된다. 반면에 돈을 주지 않으면 청소를 하지 않겠다고 하면 그것은 뇌물이 된다. 원리는 아주 간단하다. 자극제와 뇌물의 차이에 대한 이야기를 하나 더 해보자.

뇌물이 되는 대화

"오늘은 내가 너무 바빠. 8,000원을 줄 테니 집안 청소 좀 할래?"

"싫어요. 돈도 필요 없어요."

"싫으면 하지 마. 어차피 내가 할 일인데."

자극제가 되는 대화

"오늘은 너무 바빠. 8,000원을 줄 테니 집안 청소 좀 할래?"

"예. 돈은 필요 없어요."

"그래? 그럼 청소 좀 부탁해."

칭찬

칭찬은 부모와 교사들이 가장 흔히 사용하는 보상의 한 방법이다. 우리는 아이들이 학교 공부와 허드렛일을 잘할 수 있도록 하기 위해 분별없이 칭찬하는 아주 나쁜 습관을 갖고 있다. 마치 작은 빵에다 잼을 덕지덕지 발라 놓은 것과 아주 비슷하다. 이렇게 아이들을 칭찬하면서, 아이들이 좀더 노력하고 적극적인 태도를 보여주기를 기대한다.

그러나 실제로 지나친 칭찬은 아이들의 동기를 떨어뜨리고 의존성을 키운다. 어른들이 아이들이 한 일과 행동에 대해 제대로 된 칭찬을 할 때, 아이들은 빠르게 성숙하고, 훨씬 더 건강한 태도를 갖게 된다. 지나친 칭찬은 오히려 아이들을 그르친다. 유능한 교사들은 아이들의 능력보다 조금 높은 단계나 조금 어려운 과제를 제시하는 특별한 능력을 갖고 있는 것으로 조사되었다. 이 방법을 사용하면 아이들은 늘 무언가 이루고 싶어하는 느낌을 갖는다고 한다. 아이들은 자기 능력으로 할 수 있는 만만해 보이는 기준에 도달하기 위해서는 얼마든지 노력을 한다고 한다.

자아 존중과 자기 탐닉

현재 교육 방법에 위기를 느낀 사람들 중 어떤 사람들은 문제를 해결하기 위해 부모와 교사들이 사용하는 행동 관리와 낮은 자존감에 문제가 있다고 지적한다. 그들은 책임감 있고 성공하는 아이들은 자존감이 높은 반면, 성적이 좋지 않고, 마을에서 문제를 일으키는 아이들은 자존감이 낮은 경향을 보인다고 주장한다. 따라서 아이들의 자존감을 높여 주는 것이 책임 있는 행동을 하게 하는 방법이라고 주장한다. 이러한 이론은 현재 출판되고 있는 수많은 책들과 비디오의 기본이 되는 철학이기도 하다. 학교 활동에 적용할 수 있는 프로그램들이 엄청나게 만들어지고 있으며, 많은 교사들에게 권하고 있는 실정이다.

이러한 상황을 볼 때, 아주 복잡한 문제들에 대해 경고하고 있는 머피의 법칙(Murphy's Law)은 의미가 있다. 머피의 법칙은 사람들의 자존감에 대한 태도가 너무나 간단하고 잘못된 답을 추구하고 있음을 보여주고 있다. 물론 책임감 있고 성공하는 아이들이 높은 자존감을 갖고 있을지도 모른다. 하지만 문제가 있는 아이들의 자존감을 높여 주면 책임감 있고 성공하는 아이들이 되는 것은 아니다. 또한 반대의 논리도 맞지 않다. 고양이가 포유동물인 것은 맞지만, 모든 포유동물을 고양이라고 할 수 없다. 이러한 논리는 성립하지 않는다.

아이들의 자존감을 높여 주려고 제시하는 보상이야말로 계속 잘못된 행동을 하게 만든다. 또 그들이 더 멋진 아이라고 느끼도록 하는 데 가장 직접적인 영향을 미친다. 이것이야말로 정말 위험한 일이다. 자존감을 높여 주기 위해 많은 사람이 사용하는 방법은 아이들로 하여금 자기 탐닉을 일삼도록 만들기 쉽다. 성공이 목표인 교육뿐만 아니라, 일반 교육에서 사용하는 거의 모든 프로그램들은 가능한 실패를 피해가도록 고안되어 있다(그러나 실제로 실패해 보지 않고 성공을 할 수는 없다). 물론 부모와 교사들은 아이들에게 부담을 주지 않고, 높은 수준의 일을 요구하지 않으며 넘어갈 수 있다. 아이들은 꾸지람을 두려워하지 않고 자유롭게 자기표현을 할 수도 있을 것이다.

잘못된 행동을 했을 때 당연히 따라오는 비난을 받지 않으면, 아이들은 창피함과 부끄러움을 느끼지 못하게 되며, 자신의 행동을 스스로 책임지는 능력, 즉 자신을 통제하기 위한 노력을 중단할 것이다. 이러한 아이들은 자신의 잘못된 행동을 그럴듯하게 둘러댈 것이다. "나는 지금의 나를 좋아해요. 그것이 전부예요. 내가 그렇게 하는 것이 나를 기분 좋게 해요." 이런 반응을 쉽게 볼 수 있을 것이다. 이런 모습의 아이들을 원하지 않는다면, 열 번째 교육의 비법인 "자존심으로 변장한 자기 탐닉을 경계하라"를 꼭 기억해야 한다.

부모와 교사들은 아이의 자기 존중감이 실존(실재)에 굳게 뿌리내리고 있는지 확인해야 한다. 자기 존중은 문제를 해결하고 장애물을 극복하는 개인의 능력뿐만 아니라, 아이가 갖고 있는 사회적 그리고 학문적 능력에 기반을 두고 있어야 한다. 진정한 자기 존중감은 긍정적인 관계의 발전과 공동체의 구성원으로서 기여할 줄 아는 감각을 반영해 준다.

아이의 자존감을 키워주는 프로그램이 얼마나 효과가 있는지 뒷받침해 주는 증거는 아직까지 없다. 진정한 자존감은 관련 활동을 해서 개발할 수 있을 만큼 단순하지 않다. 아이를 프로그램에 참가시키거나 칭찬을 많이 해준다고 향상될 수 있는 것도 아니다. 다만 아이에게 책임감, 성실성, 부지런함, 지식 및 사회성을 가르치는 것이 성취감을 개발하는 최고의 길이다. 아이의 잠재력을 최고 수준으로 이끌어 준다면, 아이의 자긍심은 오래도록 지속될 것이다. 또한 이러한 기술들과 함께 아이가 세상과 잘

조화를 이루며 살아갈 수 있게 가르친다면, 진정한 자기 존중감이 높아질 뿐 아니라, 이에 대한 확실한 느낌도 경험하게 될 것이다.

| 필요 이상 더 노력하기 싫어요. |

아이는 지금 막 여덟 조각으로 되어 있는 퍼즐을 맞추었다. 세 살짜리에게는 굉장한 일이다. 아이는 너무나 기뻐서 박수를 쳤다. 부모와 부모의 친구들이 이 모습을 보고 모두들 기뻐하며 박수를 쳤다.

아이는 곧 새로운 퍼즐에 도전하고 싶어졌다. 자기가 갖고 있던 세 종류의 퍼즐을 모두 뒤섞어 놓았다. 한꺼번에 해보고 싶은 마음이 들었기 때문이다. 곧 조금 전에 맞춘 여덟 조각의 퍼즐이 모습을 드러내자 아이는 기뻐서 박수를 쳤다. 어른들도 다시 박수를 치며 함께 기뻐해 주었다. 아이는 두 번째 퍼즐을 맞추기 시작했다. 여덟 조각으로 된 퍼즐 중 여섯 조각을 아주 빨리 맞추자 너무 기뻐했다. 어른들이 이제 마지막 남은 퍼즐을 완성해 보라고 격려해 주었다. "어, 이제 두 조각밖에 남지 않았네. 빨리 맞춰 봐. 어서 끝내!"

그러나 두 번째 퍼즐을 맞추기가 어렵자 아이는 흥미를 잃고 마지막 남은 퍼즐을 맞추기 시작했다. 이번에는 세 번째 조각까지 쉽게 맞추고 기분 좋게 네 번째 조각까지 끝냈다. 다행스럽게도 이번에는 어른들이 아무런 반응을 보이지 않았다. 그러나 어른들은 "마저 완성해! 그러면 함께 기뻐해 줄게!" 하는 모습이었다. 아이가 마침내 세 번째 퍼즐을 완성했다. 그러나 아직 완성하지 않은 두 번째 퍼즐에는 관심을 보이지 않았다.

만약 일이 채 끝나지 않았는데 두고 성급하게 칭찬한다면, 그 일은 다른 사람의 몫이 되거나, 끝나지 않은 채로 남겨질 수 있다. 만약 세 살짜리 아이가 이러한 느낌을 갖고 흥미를 잃는다면, 좀더 나이가 든 아이들이 흥미를 잃는 것은 너무 당연하다.

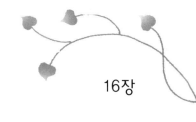

16장

충분한 계획이 갈등을 줄인다

현재 교육 방법은 아이들이 경험을 통해 모든 것을 배울 수 있다는 전제를 기본으로 하고 있다. 무엇이든 아이들이 스스로 선택할 수 있게 해야 한다고 주장한다. 어른들은 이러한 흐름에 자연스럽게 반응하고 있다. 여기에서 사용하는 '반응(react)'이라는 단어는 아주 중요한 의미를 갖는다. 부모와 교사들 대부분은 아이들이 일으킨 사건들에 어떻게 반응해야 할지 걱정하느라 많은 시간과 에너지를 쓴다. 만약에 아이들이 싸우면 어떻게 할 것인가? 만약에 아이들이 욕을 하거나 거짓말을 하면 어떻게 할 것인가? 만약에 부모나 교사가 시키는 일을 거절하거나 무시하고 반항하면 어떻게 할 것인가? 이러한 부류의 책에는 온통 '만약에'라는 질문이 가득 차 있다. 질문이 많은 만큼 문제의 해결책을 다양하게 제시하고 있다. 그러나 불행히도 가장 좋은 해결책은 여전히 제시하지 못하고 있다.

지금 교육은 모두 이미 일어난 문제를 다루고, 중재에 의존한다. 참다운 교육이란 일이 일어나기 전에 이루어져야 하며, 미래를 준비할 수 있어야 한다. 어떤 일이 일어난 뒤에 문제를 해결하기 위한 아주 좋은 방법들이 몇 가지 있다. 문제가 있는 곳에는 반드시 해결책이 있다. 교육 체계가 통제하지 못하는 것은 없다. 만약 교육이 통제하지 못하는 체계나 구조가 있다면, 그것은 바람직하지 못한 체계일 것이다. 그런데도 이것을 의심한다면 아무것도 얻지 못할 것이다. 문제를 예방하는 데 드는 1분이라는 시간은 사건이 일어난 뒤, 문제를 해결하는 데 필요한 몇 배의 시간을 절약해 준다.

지금 유행하는 교육과 참다운 교육의 차이를 아주 확실하게 보여주는 가장 좋은 예가 있다. 그것은 바로 학교에서 사용하는 갈등 해결 프로그램(conflict resolution program)이 얼마나 빠르게 확산되고 있는가를 살펴보는 것이다. 갈등 해결 프로그램을 운영하기 위해 많은 돈을 쓰고 있으며, 학교 운영의 상당한 시간을 들이고 있는 실정이다. 그러나 갈등 예방 프로그램(conflict prevention program)의 실정은 어떤가? 왜 시장에는 문제 예방보다는 해결 방식에 관련된 자료들만 가득할까? 진정한 교육의 열한 번째 비법인 "예방이 최고의 해결책이다"를 이야기할 때가 된 것 같다.

일단 문제가 생기면, 그것은 어떤 식으로든 흔적을 남긴다. 가능하다면 문제를 해결해야 한다. 그러나 문제가 생긴 사실을 문제가 일어나지 않는 것으로 바꾸어 놓을 수는 없다. 또한 모두가 알고 있는 것처럼, 사고는 순간 일어나지만 문제를 해결하는 과정은 상당한 시간이 걸린다. 특히 어른들이 바빠서 문제를 다 해결할 시간이 없는데도 아이들이 계속해서 잘못된 행동을 한다면, 많은 문제를 해결하느라 어른들의 계획을 엉망으로 만들어 놓을 것이다. 그러므로 일이 일어나기 전에 미리 예방할 생각을 해야 한다. 다음은 일을 예방하기 위한 몇 가지 방법들이다.

스펀지 활동

"게으른 손은 악마의 일터다"라는 속담이 있다. 적당히 일을 하지 않는 아이들은 해서는 안 될 일을 벌인다. 따라서 아이들에게 여러 종류의 "스펀지 활동"을 준비해 주는 것이 좋다. 스펀지 활동이란 쓸데없고 무료하게 보내는 시간을 빨아들일 만한 활동을 말한다.

수업을 훌륭하게 이끄는 교사들은 학생들이 쓸데없이 시간을 보내도록 내버려 두지 않는다. 아이들은 교사가 하는 말의 의미가 무엇인지, 새로운 사실에 대한 궁금증, 읽어야 할 책, 흥미로운 자료 등 여러 종류의 배울 거리를 찾느라 한눈을 팔 시간이 없을 것이다.

특히 스펀지 활동은 아이들과 자동차 여행을 하는 부모들이 활용하면 좋다. 아이들과 흥정하기보다는 차 안에서 할 수 있는 재미있는 놀이를 준비하면 즐거운 시간을 보낼 수 있다. 차 안에서 가지고 놀 수 있는 '여행 상자'를 만들어 주는 것도 좋다. 이 여행 상자에 장난감, 게임기, 동화책 따위를 많이 준비해 둔다. 여행 상자는 다른 때 사용하지 말고, 꼭 여행을 할 때만 가져가기로 약속을 정하는 것이 좋다. 여행이 끝나면, 아이들이 찾지 못하게 잘 보관해 둔다. 여행 상자 안에 넣는 물건은 아주 신선하고, 흥미 있고, 오래 놀아도 지루하지 않은 것들로 준비한다. 예를 들면, 퍼즐 책, 단어 찾기, 여행 게임, 잡지, 건전지로 작동하는 장난감들, 색칠 놀이 따위가 있다.

미리 계획하기

충동적인 아이들은 학교에서 쉬는 시간이나 점심시간처럼 자유로운 상황을 무척 힘들어한다. 이러한 아이들에게 자유 시간을 잘 보내는 방법을 가르치기 위해서는 몇 년이 걸릴 것이다. 아이들의 충동을 계획으로 바꿀 수 있도록 도와주어야 한다. 예를 들어, 충동적인 아이들이 운동장에 나갈 때, 무엇을 할지 다음과 같이 계획을 세우게 한다.

- 무엇을 하면서 놀 것인가.
- 누구와 놀 것인가.
- 어디서 놀 것인가.
- 누가 장난감을 갖고 있는가?

다른 활동으로 넘어가기

아이들이 한 가지 활동에서 다른 활동으로 옮겨 갈 때 문제가 자주 생긴다. 특히 재미있는 활동을 하다가 재미없는 활동을 할 때 그렇다. 이때 아이들에게 다른 활동을 하기 전에 미리 알려 주면 문제가 훨씬 줄어들 것이다. "2분 남았다!" 하고 아이들에게 알려 주면, 아이들은 한 가지 활동을 정리하고 다음 활동으로 자연스럽게 옮겨 갈 수 있는 마음의 여유가 생긴다.

만약 아이들이 놀던 장소를 정리해야 한다면, 부모나 교사가 함께 정리하는 것이 좋다. 아이들은 활동을 끝내고 싶어하지 않기 때문에 어른들이 함께 뒷정리를 하는 것을 고마워할 것이다. 그리고 가능한 다음 활동으로 자연스럽게 넘어가도록 이끌어 주어야 한다. 넘어가는 과정이 오래 걸리면 오래 걸릴수록 잘못된 행동을 다루는 기간도 그만큼 길어진다. 훌륭한 부모와 교사들의 행동을 관찰해 보면, 눈에 띄는 것 중 하나가 이러한 과정을 아주 빠르게 처리한다는 사실을 알 수 있다.

예의 바른 말

부모와 교사들 대부분이 예의가 중요하다고 생각하면서도 아이들에게 강조하지 않는다. 예의를 하나의 선택 사항으로 여기고 있기 때문이다. 그러나 언어 능력을 너무 과소평가해서는 안 된다. 말은 세상을 바꾸는 힘을 갖고 있다. 예의는 다른 사람과 함께 일을 하는 데 필요한 의사소통 방식이기 때문에 아주 중요하다. 동시에 예의는 다른 사람의 필요와 권리를 존중하기 위한 교감이다. 사람들은 예의 바른 행동이 집과 직장의 환경을 바꾸어 주기 때문에 존중한다.

"제가 이것을 해도 될까요?"와 같이 겸손한 표현을 우습게 여기지 말아야 한다. 어른들은 아이들에게 이런 표현을 잘 쓰지 않는다. 그러나 이런 겸손한 말이 얼마나 품위가 있으며, 그 사람의 권위를 세워 주는지 올바로 이해하는 사람은 그리 많지 않다. 사실, 아이들은 "예, 선생님이 지금 이 일을 담당하고 계신 것을 알아요. 저는 선생님의 허락을 받아야 해요"라고 충분히 말할 수 있을 것이다. 아이들도 누군가에게 허락을 받기 위해 정중하게 말하는 것을 무척 힘들어한다. 또한 힘의 균형이 얼마나 중요한지 잘 알고 있기 때문에 쉽게 말을 꺼내지 않는다. 아이들에게 정중하고 예의 바르게 말하는 법을 가르치는 것은 중요하다.

정신 집중

자기가 하는 일에 집중하지 못하는 아이들이 점점 더 많아지고 있다. 이러한 문제는 아주 바쁘게 돌아가는 삶의 속도 때문이기도 하다. 이러한 삶의 속도는 어른들까지도 중요한 일에 집중하지 못하게 만들기도 한다. 아이들이 집중하지 못하는 또 한 가지 이유는 짧고 감각적인 시청각 자료를 오랫동안 보아 왔기 때문이다. 그중 대표할 만한 것이 바로 텔레비전의 광고 방송이다. 텔레비전 광고는 아주 짧은 시간에 사람들의 시선을 사로잡아야 한다. 텔레비전 광고 중에 짧은 방송을 두 번 되풀이해서 보여주는 경우가 있다. 이것은 혹시 첫 번째 광고를 놓쳤으면 뒤이어 곧 나온다는 메시지를 던져 주기 위해서다.

집중력이 떨어지는 아이를 한자리에 오래 앉아 있는 아이 옆에 앉히는 것도 방법이다. 또는 아이에게 한 가지 일이 아닌, 5~10분 정도면 할 수 있는 여러 가지 일을 시킨다. 그리고 시계를 맞추어 놓고 특정한 시간에 아이가 어떻게 일을 처리하는지 살펴본다(가능하다면 아이가 오래 있을 수 있는 특별한 동기를 주는 것이 좋다). 아이들에게 훈계를 하기 전에 그들의 관심을 집중시켜야 한다는 사실을 늘 기억해야 한다. 아이들이 지시 사항을 한 귀로 듣고 한 귀로 흘려버리지 않도록 되풀이해서 들려주는 것도 필요하다.

문제가 시작되기 전에 활동을 멈추도록 하라

텔레비전 드라마를 보다 보면 한 가지 재미있는 법칙을 발견할 수 있다. 그것은 한참 재미있을 때, 드라마가 끝난다는 것이다. 배우들과 감독은 시청자의 반응이 한참 절정에 올랐을 때, 드라마를 끝내야 한다고 말한다. 이렇게 해야 시청자들이 더 흥미롭게 생각한다고 여기기 때문이다. 그러나 시청자들의 생각은 다르다.

어른들이 아이들을 대할 때 이와 똑같은 함정에 자주 빠지곤 한다. 문제가 생길 때까지 아이들이 계속 활동할 때가 종종 있다. 문제가 일어난 뒤에 수습하려고 모진 애를 쓰기도 한다. 이러한 일은 백화점이나 혹은 친구를 방문했을 때나 관광을 하면서 자주 경험한다. 아이들의 경우는 좋아하는 게임에 빠져서 정신을 못 차릴 때다. 아이들이 게임을 그만하고 싶을 때까지 하도록 허락한다. 그리고 결국에는 게임을 못하게 하기 위해 벌을 주기도 한다.

활동은 전혀 문제가 없을 때 그만두게 해야 한다. 어른들 대부분은 언제 아이들이 민감해지고 지치는지 충분히 감을 잡을 수 있다. 아이들이 이런 조짐을 보일 때, 계획을 바꾸어 몇 분 안에 하고 있는 활동을 마무리하도록 알려 주어야 한다. 이것은 유명한 드라마 작가와 감독들이 시청자들을 사로잡는 방법이기도 하다.

17장

문제 해결사

    문제를 예방하기 위해 얼마나 노력을 했는가와 상관없이, 우리가 다루어야 할 문제는 아직도 많다. 아이들의 선택권을 제한해도 아이들은 틀림없이 실수를 할 것이다. 실수는 삶의 중요한 부분이며, 성장하면서 반드시 겪어야 한다. 이 책 전체에서 "보상을 함께 나누는 것"부터 "배팅 연습을 하는 것" 등 새롭고 다양한 대응 방법들을 살펴보았다. 이 장에서는 부모와 교사들이 가장 자주 겪는 상황들을 다루는 몇 가지 방법을 소개하고자 한다.

아이들이 거짓말을 하거나 물건을 훔칠 때

　부모와 교사들 대부분은 아이가 거짓말을 하거나 물건을 훔칠 때 어떻게 해야 할지 난감해한다. 대부분은 그 자리에서 아이에게 엄한 벌을 준다. 아이가 잘못을 미처 책임지기도 전에 주는 벌은 대개 아이들을 으르고 위협하는 것이다.

　다음의 방법은 훨씬 효과가 있지만 너무 어렵고 시간도 많이 걸린다. 거짓말을 하거나 물건을 훔치는 것은 신뢰를 무너뜨리는 행동이다. 아이가 이런 행동을 했을 때, 어른의 올바른 반응을 보면서 신뢰의 가치를 배워야 한다. 아이가 신뢰와 관련된 무언가를 하고 싶어할 때는 언제든지 어른들의 지도와 감독을 받도록 해야 한다. 모든 상황에서 신뢰는 기본이 되어야 한다. 심지어 화장실을 갈 때도 신뢰가 기본이 되어야 한다. 어른 없이 아이들끼리만 놀도록 내버려 두어서는 안 된다. 누군가 감독하는 어른이 있어야 하고, 만약 아무도 감독할 수 없다면 활동을 취소하거나 줄여야 한다.

　이때 지도와 감독을 하는 어른이 중요하다. 어른은 아이들의 특권을 빼앗고 불편하게 하는 사람이 아니라 신뢰의 가치를 가르치는 사람이다. 반드시 어른의 지도와 감독을 받아야 한다고 아이들에게 설명한다. 아이들 대부분은 이러한 상황을 견디지 못한다. 그들은 스스로 할 수 있다고 항의할 것이다. 이러한 상황이 일어나면 다시 한번 아이들을 가르칠 수 있는 기회가 생기는 셈이다. 이때 아이들에게 약간의 자유를 허락해 주어야 한다. 만약 아이들이 스스로 일을 올바로 해나간다면, 자유를 좀더 많이 주어야 한다. 이러한 과정을 거치면서 아이들은 신뢰의 가치를 이해할 것이다.

그러나 만약 아이가 그릇된 행동을 자꾸 되풀이하면, "안 되는 것은 안 된다"고 분명한 메시지를 아이에게 전달해야 한다. 이럴 경우에는 처벌을 강화할 필요가 있다. 그러나 처벌에만 의존해서는 절대 안 된다. 왜냐하면 처벌만 강화하다 보면 책임감 있는 아이가 되기보다 더 비열한 아이가 될 수 있기 때문이다. 앞에서 말한 다음의 내용을 떠올려 보자.

"만약 내가 네 옆에 서 있어도 똑같이 할 거니?"

"아니오."

"네가 훌륭한 결정을 하는데 왜 내가 네 옆에 있어야 하니?"

학교 숙제

학교 숙제는 중요하다. 하지만 아이들 대부분은 숙제를 하기 싫어하고, 부모는 아이가 숙제를 잘하기를 바란다. 아이와 부모는 숙제 때문에 크고 작은 싸움을 날마다 한다. 아이와 싸우지 않고 숙제를 잘하게 하는 방법이 있을까?

우선 각자의 역할을 분명히 이해하는 것이 필요하다. 교사는 숙제를 낼 때 아이들의 숙제가 잘 마무리되었는지 정확하게 검사해야 한다. 부모는 아이가 숙제를 잘할 수 있는 환경을 만들어 줄 책임이 있다. 아이가 숙제를 완전히 끝내지 못했거나 학교에 숙제할 책을 놔두고 왔다는 것은 숙제에 별로 신경을 쓰지 않고 있다는 뜻이다. 이럴 때는 결정권이 아이에게서 부모에게로 넘어간다. 부모는 학교 숙제가 있든 없든 아이에게 공부하는 시간을 정해 주어야 한다. 만약 아이가 "오늘은 숙제 없어요" 하고 말해도 책을 읽거나 그동안 미뤄 둔 공부를 하도록 격려해야 한다.

교사는 숙제를 내주고 나서 아이들이 숙제를 소홀이 여기지 않도록 분명히 해야 한다. 그렇지 않으면 아이들은 다른 교사들이 내주는 숙제도 소홀이 여기게 될 것이다.

그러나 숙제를 잘하도록 하기 위해 낮은 점수를 들춰내거나 점수를 가지고 협박해서는 안 된다. 왜냐하면 숙제를 하지 않으면 아예 평가를 할 수 없기 때문에 이런 아이들에게 점수는 의미가 없다. 숙제를 잘했느냐 못했느냐에 따라 매겨지는 점수는 숙제를 제대로 마친 아이들에게나 의미가 있다. 아이들에게 숙제를 언제 할 것인지 질문해야 한다. 숙제를 할 것인지 말 것인지를 질문을 해서는 안 된다. 아이들이 아주 어릴 때, 즉 유치원과 초등학교 낮은 학년 때부터 몸에 배도록 해야 한다. 아이들이 교사의 말을 우습게 여기게 되면, 그때는 너무 늦는다.

다툼

다툼은 아이들의 일상생활에서 흔히 일어난다. 어른들은 아이들이 다툴 때마다에 끼어들어 심판이 되려고 한다. 그러면 아이들은 심판을 가운데 두고 정말 싸우려 들며, 어른들이 끼어드는 모습에 좌절감을 느낀다. 물론 아이들이 아주 어릴 때(다섯 살 이하)라면 비록 작은 다툼이라 할지라도 어른들이 반드시 끼어드는 것이 좋다. 그러나 여섯 살 정도가 되면, 아이들 대부분은 스스로 해결할 수 있는 능력을 갖고 있다.

어른들이 끼어들어야 할 만큼 크게 다툴 때에는 다음과 같은 일련의 과정을 재고해 보아야 한다. 가장 먼저 아이들과 함께 이야기를 한다. 그리고 아이들이 문제를 해결할 때까지 의자에 앉아 있도록 한다. 이때 아이들에게 어떻게 문제를 해결할지 질문해서는 안 된다. 아이들은 종종 자신들이 저지른 일을 설명해서는 안 된다는 생각을 하기도 한다. 게다가 문제 해결 방법을 자세히 설명하는 것은 아이들에게 거의 중요하지 않다.

아이들이 어른들에게 문제가 해결되었다고 말해도 다시 한번 상황을 정리해 봐야 한다. 왜냐하면 종종 한 아이가 다른 아이를 협박해서 문제를 해결했다고 말하는 경우가 있기 때문이다. 예를 들어, "만약 이 문제가 해결되었다고 엄마에게 말하지 않으면, 네가 좋아하는 장난감을 없애 버릴 거야!"라는 식으로 협박을 한다. 이럴 경우에는 어른이 나서야 한다. 대개는 두 아이 중 다른 아이를 통제하는 아이가 먼저 문제가 해결되었다고 말한다. 따라서 다른 아이의 이야기도 잘 듣는 것이 아주 중요하다.

상황에 따라 다르겠지만, 아이들은 서로 다르게 설명할 것이다. 아이들의 말을 들을 때는 듣기만 하고 아주 조심스럽게 질문을 해야 한다. 이를테면, "응, 그러면 문제가 해결된 것 같아 보이는데……" 하고 말하는 식이다. 그리고 먼저 문제가 해결되었다고 이야기한 아이에게 무슨 일이 일어났는지 정확하게 말하라고 해야 한다. 그리고 잘못된 것이 있다면 결코 받아들이지 않겠다고 말한다. 그리고나서 아이들을 다시 돌려보낸다. 어른이 상황을 잘 살펴보고 해결 방법을 찾아보아야 할 시점이 바로 이때다.

아이들이 문제를 해결하는 방법을 배워야 한다는 사실을 기억해야 한다. 아이들은 결코 우연히 배우지 않는다. 어른들은 이런 상황에서 어떻게 교육할 것인지, 또 문제를 해결하는 방법을 알고 있어야 한다. 그것이 모든 사람들을 위해 스트레스를 줄이는 방법이다.

떼를 쓰거나 화를 낼 때

아주 어린 아이도 원하는 대로 잘되지 않을 때, 갖고 싶은 것을 갖지 못할 때, 혹은 다른 사람들과 의사소통이 제대로 안 될 때 자주 화를 낸다. 그러나 다섯 살 정도가 되면 화를 내는 것도 습관으로 굳어진다. 화를 자주 내는 아이는 이미 자신의 생각을 관철하기 위한 무기로 화를 사용하고 있다. 고함을 치거나 비명을 지르는 기간이 길면 길수록, 그만큼 아이들의 요구를 들어줄 가능성이 높다. 이것은 '행동 관리'가 표방한 철학과는 아주 상반되는 결과일 뿐 아니라, 오히려 아이들이 어른들의 행동을 관리하는 방법이다.

울화통이 터지는 이런 상황에 대처하는 방법은 아주 간단하다. 바로 아이들의 요구에 순순히 응하지 않는 것이다. 결코 아이들의 요구를 들어주어서는 안 된다. 떼를 쓰는 아이에게는, "네가 아무리 떼를 써도 소용없어!" 하고 분명하게 선을 그어야 한다. 그리고 이전에 아이에게 이야기한 지침을 되풀이해서 말한다. 예를 들어, 아이에게 장난감을 정리하라고 말했다면, 다시 한 번 말하는 것이다. 이것은 "깨진 음반"이라고 부르는 방법이다. 새로운 것을 하라고 요구하지 말아야 한다. 거래나 흥정을 하지 말고, 그렇다고 벌을 세우겠다고 협박하지도 말아야 한다. 만약 이때 어른이 거래나 흥정하는 기미를 보이면, 아이는 무언가 새로운 것을 기대하면서 점점 더 떼를 쓸 것이다.

만약 아이가 공손하게 변하면, 그때 아이가 원하는 것을 다시 생각해 본다. 반대로 여전히 아이가 떼를 쓰고 화를 내면, 아이가 원하는 것에 대해 더 이야기하지도 말고 생각해 보지도 않겠다고 말해 준다. 우리는 이것을 "떼쓰는 아이를 위한 확실한 장담"이라고 부른다. 아이가 떼를 쓰거나 화를 내기 시작하는 순간, 아이가 원하는 것은 무엇이든 들어주지 않겠다고 단호하게 말해야 한다.

끼어들기

아주 어린 아이들은 때와 장소에 상관없이 끼어든다. 아이들은 자기가 생각하는 것처럼 어른들도 그 일에 관심이 많을 것이라고 확신한다. 따라서 언제 끼어드는 것이 적절하며, 언제 끼어들지 말아야 하는지 아이들에게 가르쳐야 한다.

좀더 큰 아이들에게는 끼어들지 말라는 신호를 보내면 된다. 그러나 신호를 보낼 때, 목소리나 눈으로 신호를 보내지 않는 것이 좋다. 특히 눈으로 신호를 보내는 것은 어렵기도 하지만, 훈련을 많이 해야 한다. 더구나 어떤 문화에서는 눈이나 목소리로 신호를 보내는 것이 대화를 시작하라는 의미이기 때문에 혼란스러울 수도 있다.

아이가 끼어들려고 할 때 "잠깐만!" 하고 손으로 멈춤 신호를 보내는 것이 가장 효과 있는 방법이다. 아이를 잠깐 기다리게 해 놓고, 어른들의 말이 끝난 뒤에 아이에게 무슨 말을 하고 싶어하는지 물어보면 된다.

괴롭히거나 놀리기

부모와 교사는 아이들이 서로 괴롭히거나 놀리는 모습을 보면 무척 당황한다. 괴롭히거나 놀리는 것은 대개 장난을 치거나, 친근감을 표현하는 것이거나, 우정을 표현하는 것으로 간주된다. 그러나 괴롭힘이나 놀림을 당하는 아이는 상처를 받는다. 어떻게 하면 아이들이 다른 사람들을 괴롭히거나 놀리지 않도록 올바로 가르칠 수 있을까? 또 반대로 다른 아이들을 괴롭히거나 놀리는 아이들은 어떻게 다루어야 할까? 이런 아이들에게는 벌을 주어야 할까? 실제로 괴롭히거나 놀리는 아이들을 대할 때는 그 유형에 따라 신중하게 대처해야 한다.

먼저 친해지려고 놀리는 경우가 있다. 이 경우는 놀리는 아이나 상대방 아이가 모두 웃고 넘어갈 수 있는 상황이어야 한다. 만약 놀리는 정도가 지나치면, 그 아이의 원래 의도가 아니어도 상대방이 싫어하고 마음 아파하고 있다는 사실을 분명하게 인식시켜 주어야 한다. 놀리는 아이에게 자신도 놀림을 받을 수 있다는 것을 가르쳐주는 것은 아주 중요하다.

우연히 놀리거나 괴롭히는 경우가 있다. 일부러 상처를 주려는 것이 아니라 놀다 보면 장난이 조금 지나쳐서 다른 아이들을 놀리거나 괴롭힐 수 있다. 이럴 때에는 놀림을 당하는 아이가 "놀리지 마. 기분이 좋지 않아!" 하고 분명히 말해야 한다. 이렇게 해야 하는 이유는 놀리는 아이가 자신이 무슨 행동을 했는지 잘 알지 못하기 때문에 상대방 친구가 직접 일러 주어야 한다. 만약 놀리거나 괴롭히는 행동이 지속되면, 놀리는 정도가 너무 심해졌다고 알려 주어야 한다.

아마도 살아가면서 이런 경우를 여러 번 겪을 수 있다. 또 상황에 따라 전부 다를 수도 있다. 그러나 기억해야 할 것은 어느 정도까지 장난을 해도 되는지 분명한 한계를 정해 주어야 한다는 것이다.

공격적으로 놀리거나 괴롭히는 경우가 있다. 이때는 일부러 상대방에게 상처를 주고자 하는 경우이며, 언어 '폭력'으로 간주할 수 있다. 말로 장난을 하거나 괴롭히는 것도 폭력이라는 사실을 분명히 알려 주어야 한다. 이런 행동은 절대 해서는 안 된다고 아이들에게 가르쳐야 한다. 특히 집과 학교에서 이러한 일을 그냥 지나쳐서는 안 된다. 분명한 규칙을 정하고 이것을 지키도록 이끌어 주어야 한다. 안 되는 것은 절대 안 되는 것이다.

싸움

만약 싸움을 말려야 하는 상황이라면, 모든 문제를 빨리 해결하고 싶은 마음을 버려야 한다. 감정은 너무나 강렬해서 싸우고 있는 아이들을 떼어 놓아도 계속 말다툼을 할 것이다. 싸움을 한 아이들을 떼어 놓고 감정을 삭이는 시간을 주어야 한다. 감정이 가라앉으면, 싸운 이유를 알기 위해 함께 이야기를 나눈다. 그러나 말을 하다 보면 감정이 상해서 다시 다툴 수도 있기 때문에 주의해야 한다.

싸움은 대부분 말싸움에서 시작된다. 그래서 처음 말싸움을 시작했을 때 해결해야 한다. 아이들이 말씨름을 하기 시작하면, "공격하지 마라!" 하고 일러 주어야 한다. 이때 아이들은 깜짝 놀라서 "안 때렸는데요?" 하고 반응하기도 한다. 그러면 언어폭력도 분명히 폭력이므로 절대 해서는 안 된다고 알려 준다. 이렇게 대화를 이끌어 가면 아이들을 설득할 수 있다.

또한 싸움을 구경하는 아이들이 싸움을 부추기거나 한 쪽을 편들지 못하게 해야 한다. 구경꾼들이 싸움에 끼어들어 더 큰 싸움으로 만드는 경우가 많기 때문이다.

| 재판관, 배심원, 그리고 심판 |

"도대체 얼마나 더 이런 일을 겪어야 하니?" 아이가 잘못을 했을 때 우리가 흔히 하는 말이다. 그런데 아이는 잘못을 인정하지 않았다. 아이에게 여러 가지 증거를 들이댔다. 그러나 아이는 그것을 어떻게 아느냐고 따져 물었다. 이번에는 그 광경을 본 다른 아이들에게 물어보았다. 그 아이들의 말을 듣고 난 뒤, 모든 증거를 아이에게 제시했다. 하지만 아이는 더 강하게 부인했다. 다른 아이들이 거짓말을 한다고 주장했다. 이제 우리는 완전히 함정에 빠졌다. 어른들 대부분은 틀림없이 아이를 마치 범죄자처럼 다룰 것이다. 아마도 아이는 우리를 영원히 증오할지도 모른다.

법정에서 판사는 아주 특별하고 어려운 사건을 담당하는 경우가 많다. 양쪽이 그럴듯한 증거물을 갖고 있고, 누가 잘못을 했는지 판단하기가 어려운 사건이지만, 판사는 판결을 내려야 한다. 어떤 사람이 판사에게 이렇게 질문했다. "누가 잘못했는지 가리기 어려운 사건은 어떻게 올바른 판결을 내릴 수 있나요?" "아 네, 판결이요? 매번 그렇게 판결을 하는 것은 내 일이 아닙니다" 하고 판사가 대답했다. "판결을 내리기 위해서는 우선 많은 수사관들이 사건을 조사합니다. 그래도 판결을 내리기는 여전히 힘듭니다. 내가 하는 일은 모든 증언과 고소인의 믿을 만한 평가에 주의를 기울여, 최종 판결을 언도하는 것입니다. 그것이 내 일입니다. 나는 판사이기 때문에 언제나 올바른 판결을 내릴 수 있기를 희망합니다."

부모도 판사가 하는 것처럼 아이들의 말을 잘 들어야 한다. 아이들의 설명을 믿어야 한다. 완벽하지 못하다고 걱정할 필요는 없다. 단지 당신이 내릴 수 있는 최고의 판결만 사용하도록 하라. 이렇게 하는 것이 판사에게 좋은 것이라면, 부모와 교사에게도 좋을 것이다.

18장

산을 오르기 위해서는
시간이 걸린다

몇 년이 지나면 우리 아이들이 이 나라와 도시와 마을을 이끌어 갈 것이다. 우리는 노인이 되고 아이들의 보살핌을 받게 될 것이다. 지금 아이들이 어른이 되어 환경을 돌보고, 전쟁을 막고, 새로운 세대를 교육할 것이다.

아이들이 이 세상을 평화롭고 안전하게 이끌어 나가기 위해서는 자녀 교육이 정말 중요하다. 처벌 위주의 교육은 진정한 교육이라고 할 수 없다. 교육, 성숙, 협동의 가치는 처벌과 보상이라는 양육 방법을 넘어서는 범주에 속한다. 그러므로 올바른 교육을 해야 한다. 우리 아이들에게 살아가는 데 필요한 능력과 태도를 가르치는 참된 교육으로 돌아가야 한다. 책임감 있고, 협동하며, 생산적인 사람이 될 수 있도록 아이들을 가르쳐야 한다. 규칙과 권위와 다른 사람의 필요와 권리를 존중하도록 가르쳐야 한다. 물론 이것은 쉽지 않을 것이다. 아이들을 교육하기에 앞서, '헌신'이 무엇인지 올바로 이해해야 한다. 아이들을 기를 때 가장 중요한 것은 아이들과 함께하는 시간이다.

산을 오르기 위해서는 시간이 필요하다

우리는 아주 바쁜 세상에 살고 있다. 우리가 원하는 모든 것을 이루기에는 시간이 충분하지 않다. 이런 이유 때문에 바로 보상과 결과 중심의 교육이 많은 사람들에게 인기가 있다. 짧은 시간에 성과가 있을 것처럼 보이기 때문이다. 보상과 처벌 중심의 교육은 효과가 빠르게 나타난다. 즉석식품과 즉각적인 의사소통(instant communication)으로 가득 차 있는 세상에 딱 맞는 교육 방법이다. 문제의 본질을 다루지 못하지만 아주 편리하다.

반면에 참된 교육은 그렇지 못하다. 아이들에게 훈계하고, 올바른 행동을 가르치기 위해서는 많은 시간이 걸린다. 건강한 관계를 맺기 위해서도 시간이 필요하다. 안타깝게도 빨리 할 수 있는 방법은 없다. 많은 사람들이 "말은 맞지만, 도대체 그렇게 시간이 남아도는 사람이 세상에 어디 있어?" 하고 말할 것이다. 그러나 아이들에게 꼭 가르쳐야 할 교훈이 바로 이것이다. 다시 말해, 하고 싶은 일뿐만 아니라 해야 할 일도 기쁘게 할 수 있어야 한다. 아이들을 올바로 교육하기 위해서는 좋아하는 텔레비전 드라마도 포기해야 한다. 아이들이 잠자리에 들 시간에 좋아하는 드라마가 나와도 아이들에게 가야 한다. 푹신한 안락의자를 떨치고 일어나야 한다. 차고에서, 책상에서 하던 일을 멈추고 벌떡 일어날 준비를 해야 한다. 부엌에서 음식을 만들다가도 뛰어나올 준비를 해야 한다.

만약 지금 해온 방식대로 아이들을 교육한다면, 아마도 행동보다는 말로, 권위를 세우기보다는 협박을 하게 될 것이다. 아이들을 순종하도록 가르치기 위해서는 어른이 직접 지도하고 감독해야 한다. 그러므로 아무리 바쁘더라고 아이들을 위한 시간을 남겨 두어야 한다.

책임을 지도록 하라

아이들을 위해 시간을 내는 것 다음으로 권위를 세우는 일이 중요하다. 부모와 교사의 권위를 지켜야 한다. 권위를 지키는 것은 책임을 지는 것이다. 내 아이를 책임지고, 필요하다면 아이를 위한 결정을 내리고, 한계를 분명히 정해 놓아야 한다.

이렇게 하는 것은 결코 쉽지 않아 보일 것이다. 왜냐하면 15~20년 동안 우리가 배워 온 방식과 정반대이기 때문이다. 오랜 기간 동안, 부모와 교사들은 아이들과 흥정하는 법을 배웠다. 권위를 잃어버린 채, 아이들과 거래를 하거나 그것도 안 되면 사정을 하라고 배웠다. 어른의 지도력도 바뀌거나 사라져 버렸다. 이제 아이들이 부모와 교사를 존경하지 않는 것은 새삼스럽거나 놀랍지도 않다.

우리는 너무나 오랫동안 아이들을 키 작은 어른 대하듯 해왔다. 우리는 아이들의 친구가 되려고 했고, 아이들과 평등하려고 했고, 아이들에게 결정권을 주려고 노력해 왔다. 그렇게 아이들을 행복하게 만들고 싶어했다. 그리고 아이들이 우리의 노력과 친절에 감사할 것이라 생각했다. 그러나 예상은 정확히 빗나갔다. 우리가 생각한 상황과는 정반대 상황이 되었다.

집과 교실은 아이들이 마음대로 할 수 있는 곳이 아니다. 규칙을 만드는 것은 아이들이 아니다. 이러한 책임은 부모와 교사들에게 있다. 이 시점에서 우리가 해야 할 아주 중요한 일이 있다. 아이들이 우리의 결정을 좋아하든 싫어하든 그것은 중요하지 않다. 아이들이 동의하든 동의하지 않든 상관없다. 교육은 인기투표나 인기 경연 대회가 아니기 때문이다. 중요한 것은 아이들이 우리의 결정을 존중하도록 가르쳐야 한다는 것과 권위를 올바로 세우지 않으면 존중도 사라지게 된다는 사실이다.

성장을 격려하라

부모는 아이가 자라면서 행동이 나아지길 바란다. 이것은 모든 부모의 기대이기도 하다. 그래서 현재 교육 방법을 더 명확하게 이해할 필요가 있다고 강조했다. 현재 교육 방법은 아이들에게 선택권을 주라고 권한다. 그러나 이렇게 하면 아이들이 성장할수록 더욱 무책임한 행동을 하게 만든다. 왜냐하면 그들의 행동에 따른 보상과 처벌을 중시하는, 즉 결과에 민감하게 반응하도록 만들기 때문이다. 이것이 바로 오랜 시간 예절 교육을 받은 십대보다 여덟 살 된 아이가 더 예의 바르게 행동하는 이유이다.

십대들의 무례한 행동은 이제 너무나 쉽게 볼 수 있어서 어른들도 무덤덤해진 상황이 되었다. 이것은 터무니없는 생각이며 말도 안 되는 현실이다. 여기서 분명히 짚고 넘어가야 할 것이 있다. 십대들의 몸에 어느 날 갑자기 무례하게 행동하도록 만드는 호르몬이 나와서 이렇게 행동하는 것일까? 아이들이 성장하는 과정에서 반항은 자연스러운 것일까? 결코 아니다. 아이들은 독립심과 정중함을 발달시킬 수 있는 완벽한 능력을 갖고 있다. 그러나 이것은 아이들을 그렇게 교육할 때에만 가능하다.

아이들의 교육을 행사가 아닌 과정으로 바라보아야 한다. 흔히 일어나는 작은 사건들이 모두 중요한 것은 아니다. 아이들에게 오늘보다 나은 내일을 준비하도록 가르쳐야 한다. 이것이 지속적으로 다루어야 할 주제이며 이유이다. 아이들이 날마다 좀 더 나은 행동을 한다면, 책임감 있고 서로 도울 수 있게 될 것이다. 부모와 교사는 아이들의 성장을 기대하며 후원할 것이다. 이것이 바로 여덟 살 된 아이에게 "네 살짜리 아이처럼 떼쓰지 말라!"고 말하는 이유다.

부모와 교사가 이러한 식으로 교육을 바라볼 때, 아이들은 보상과 결과 지상주의에 따라 살지 않을 것이다. 대신에 아이들은 정말로 자신이 되기 원하는 친절한 아이로 자라날 것이다. 아이들은 배워야 할 기술이 무엇이며, 누가 가르칠 수 있는가에 대해 이야기할 것이다. 아이들은 어른들이 자신들의 실수가 아닌 성장에 관심을 기울이고 있다는 사실을 이해 할 것이다. 부모와 교사가 진정한 교육을 할 때, 아이들은 통찰력을 발전시킬 수 있을 것이다.

이제 아이들을 교육할 때 필요한 참다운 헌신이 무엇인지 이해했을 것이다. 아이들을 위해 헌신할 준비가 되었다면, 스스로 결정해야 한다. 아이들을 가르치는 데에는 왕도가 없다는 사실을 기억해야 한다. 이것이 열두 번째 교육의 비법인 "아이를 잘 가르치기 위해서는 기꺼이 헌신해야 한다"이다.

시작하기

  시작은 늘 작은 것부터 하는 것이 좋다. 많은 사람들이 모든 것을 한꺼번에 변화시키려다 주저앉는 것을 자주 볼 수 있는데, 아이 교육은 그렇게 되지 않는다. 사람들은 실패하면 좌절감을 느끼기 때문에 익숙한 예전 방식으로 돌아가곤 한다. 따라서 이러한 함정에 빠지지 않도록 주의해야 한다. 먼저 하기 쉬운 것부터 시작하는 것이 좋다. 그리고 준비가 되면 다음 단계로 넘어간다. 도움이 되는 몇 가지 항목들을 소개한다.

  첫째, 아이가 무례한 행동을 하면, 행동을 멈추게 한 뒤 다시 해보라고 시킨다. 예를 들어, 아이가 사다리에서 뛰어내리면, 다시 올라가게 한 뒤 걸어 내려오게 한다.

  둘째, 아이들이 집안일 중 한두 가지를 정해 놓고 날마다 하도록 한다. 이때 일을 제대로 했는지 잘 살펴보아야 한다. 일을 시킬 때는 하기 쉬운 일부터 시키는 것이 좋다. 그리고 아이들이 즐겁게 일할 수 있도록 분위기를 만들어 준다.

  셋째, 아이들이 좀더 어려운 과제에 도전하도록 한다. 엄마나 아빠 혼자 아이를 키우는 경우라면, 아이에게 전화가 왔을 때 메시지를 받아 적는 법을 가르친다. 학교에서 교사는 아이가 회의 시간에 사회자가 되어 보는 기회를 준다.

  우리가 아이를 돌보고 가르칠 때 교육에 필요한 세 가지 요소가 조화를 이루어야 한다는 것을 기억해야 한다. 집과 학교에서 아이들은 바른 습관을 몸에 익혀야 한다. 그래야 사회에서 필요한 사람이 될 수 있다. 또한 서로 돕고 책임감 있는 어른으로 자랄 수 있다. 아이들은 독립심을 키우기 위해 많은 선택을 해볼 필요가 있다.

아이들을 바르게 키우기 위해서는 참된 교육이 필요하다는 사실을 기억해야 한다. 아이들은 올바른 선택을 할 수 있는 준비가 되었을 때 기회를 주어야 한다. 이것은 특히 현재 널리 알려진 교육 방법으로 인해 제멋대로이고, 권리를 함부로 쓰고, 방치되어 있는 모든 아이들에게 해당된다. 우리는 이러한 아이들을 위해 좀더 노력해야 한다. 이러한 교육 방법은 아이들이 계속 실패하도록 만들고 있으며, 처벌에서 빠져나오지 못한 채 살아가게 하고 있다. 또한 아이들에게 계속 무언가를 더 하도록 만들고 있다.

모든 아이들에게는 참된 교육이 필요하다. 이 책은 내가 독자들에게 던지는 도전장이다. 이제 진정한 교육이 제자리를 찾아야 할 때이다. 참된 교육이 원래의 모습을 회복해야 할 때이다. 우리 아이들과 우리 사회의 미래가 여기에 달려 있기 때문이다.

책임감 있는 아이로 키우는 12가지 교육법

1. 한계를 분명히 제시해서 무분별한 선택을 할 기회를 주지 않는다.

2. 만약 아이가 순종하도록 만들기 위해 흥정을 하고 있다면, 얼마 뒤에 아이에게 구걸하게 될 것이다. 흥정하지 마라.

3. 좋은 습관이 들도록 연습을 시켜라.

4. 훌륭한 규칙은 꼭 지키도록 강요하라.

5. 바른 행동은 반드시 가르쳐야 한다.

6. 오늘 연습해야 내일 실천할 수 있다.

7. 독립심이란 '자신의 일을 자기가 하는 것' 이 아니라, '올바른 일을 스스로 하는 것' 이다.

8. 자신이 결정한 것은 꼭 실천하게 하라.

9. 아이는 손으로 키우는 것이 아니라 가슴으로 키운다.

10. 자존심으로 변장한 자기 탐닉을 경계하라.

11. 예방이 최고의 해결책이다.

12. 아이를 위해 기꺼이 헌신해야 한다.